DAXUESHENG

CHUANGYE JINENG PEIXUN JIAOCAI

大学生创业技能培训教材

创业企业市场营销

任玉霞　刘　娜　孟兆磊　编　著

中国劳动社会保障出版社

图书在版编目(CIP)数据

创业企业市场营销/任玉霞，刘娜，孟兆磊编著. —北京：中国劳动社会保障出版社，2011

大学生创业技能培训教材

ISBN 978-7-5045-8848-7

Ⅰ.①创… Ⅱ.①任…②刘…③孟… Ⅲ.①企业管理-市场营销学-教材 Ⅳ.①F274

中国版本图书馆 CIP 数据核字(2011)第 018133 号

中国劳动社会保障出版社出版发行

(北京市惠新东街 1 号　邮政编码：100029)

出 版 人：张梦欣

*

新华书店经销

北京外文印刷厂印刷装订

880 毫米×1230 毫米　32 开本　6.125 印张　138 千字

2011 年 7 月第 1 版　2011 年 7 月第 1 次印刷

定价：18.00 元

读者服务部电话：010-64929211/64921644/84643933

发行部电话：010-64961894

出版社网址：http://www.class.com.cn

大学生创业技能培训教材
编辑委员会名单

创业是富民的根本大事

全国政协副主席　黄孟复

就业是民生之本。近年来，就业成为我国经济和社会发展面临的一个严峻挑战。一方面，我国每年新增就业人口数量较大；另一方面，由于经济结构的升级和资本有机构成的提高，我国经济增长吸纳劳动力的作用有所减弱，包括大学生在内的广大青年就业难成为普遍现象。在这种环境下，鼓励创业逐渐成为破解我国就业困局和强国富民的重要手段。党的十七大报告明确提出要实施扩大就业的发展战略，促进以创业带动就业。完善支持自主创业、自谋职业政策，加强就业观念教育，使更多劳动者成为创业者。

当前我国的创业企业在数量和规模上均明显不够，公民创业意愿仍显不足，主动创业的少，被动创业的多，大多数人不敢创业和少数人盲目创业的现象并存。造成这种局面主要是因为：一方面人们对创业的了解不够全面，对创业存在认识误区，倾向于把创业看成是被逼无奈的选择，造成对创业风险的评估过高；另一方面是由于创业需要具备多项技能，使一批又一批具备创业勇气但技能欠缺的人未能实现成功创业。此外，创业意愿不足与青年朋友欠缺企业家精神也有很大关系，企业家精神包含敢于冒险、勇于创新和坚忍不拔等特质，一些青年朋友并未具备这种精神。近年来，大学生对公务员、国有企业的过度热衷，不愿意到民营企业就业就是一个例证。

因此，在鼓励创业的同时，要加强政策支持和社会服务体系建设，在全社会形成认同创业和支持创业的良好环境，尤其是应该通过教育培训和广泛宣传，普及创业的基本知识和技能。一是消除人们对创业的偏见，让人们认识到创业是在具备一定条件后便可进行的正常行为，如果能较好地管理风险，创业是实现自我发展的重要途径之一。尤其是对于充满活力、勇于接受新事物的广大青年朋友来说，有理性地进行创业是一个不错的人生发展道路。二是以专业的培训提高创业者进行创业活动的各项基本技能，使更多有勇气和胆量进行创业的人，能够做到心中有数。

从高校和培训机构的数量来看，可以说，我国的创业教育和培训的机构及师资力量都相对充裕，但用于指导创业培训的系统性教材较少。周天勇教授多年来一直潜心研究我国社会结构转型期的创业和就业问题，由其组织国内专业力量主编的本套丛书为我国大学生和广大读者提供了一整套内容全面、形式活泼的创业技能及知识普及教材。丛书通过浅显易懂的语言，让更多的人了解并熟悉创业需要具备的知识、技能及具体的操作流程，理性认识创业，既不畏惧创业，也不盲目创业。尤其是有利于广大大学生认清自己是否已经具备进行创业的条件，在创业时机到来时，不至于错过，为创业活动提供指导，营造主动创业、从容创业氛围。

本套丛书可读性较强，在一定程度上填补了国内此类教材的空白，为高校和培训机构进行创业教育和辅导提供了有针对性的专业教材，现实意义很大，有利于促进我国以创业带动就业的发展目标，期待丛书能如期出版。

创业是富民的根本大事。希望创业活动能在我们国家蓬勃发展，更多的人能够树立正确的创业观，敢于创业，理性创业，有准备地创业，以创业的方式实现自我价值，尤其是更多的具备一定条件的大学生能够走上奋发图强、报效国家的创业之路。

是为序。

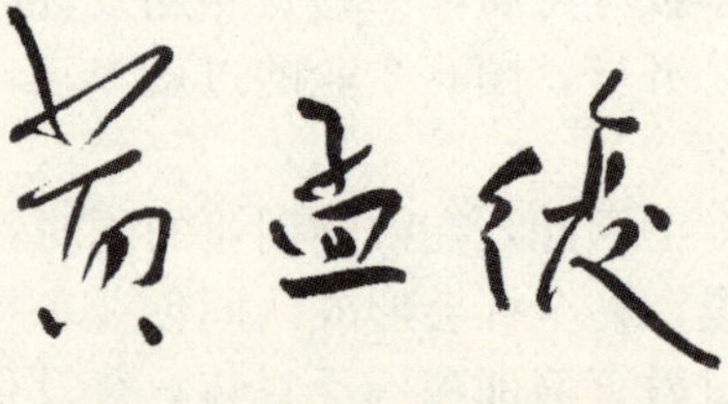

2010年10月8日

努力落实促进创业带动就业的重大战略

人力资源和社会保障部副部长　张小建

着力保障和改善民生，是贯彻落实党的十七大决策部署的重要任务，也是深入实践科学发展观的重要内容。就业是民生之本。在做好就业工作中，促进以创业带动就业，不仅是扩大就业的重要途径，并且是实施积极就业政策的主要抓手。创业是劳动者通过自主创办生产服务项目、企业或从事个体经营实现市场就业的重要形式。促进劳动者自谋职业、自主创业，一方面能够解决劳动者自身就业的问题，另一方面能够创造出新的就业岗位，带动更多的人实现就业，具有就业的“倍增效应”。据统计，我国个体1个人创业平均可以带动2～3个人就业，创办1个私营企业平均可以带动13个人就业。2002年以来，我国实施了积极的就业政策，其中一个重要内容就是鼓励和支持劳动者自谋职业、自主创业，对劳动者创业给予了更多的重视、鼓励和更大的支持。在这次应对国际金融危机对我国就业冲击的过程中，我国抓紧实施促进以创业带动就业的举措，取得较好效果。在企业吸纳就业受到一定影响的情况下，大力推动劳动者自谋职业、自主创业，通过其自身努力，更多、更好地开发就业新领域，创造新的就业机会，同时，为劳动密集型中小企业的生存和发展创造更加有利的环境，为降低经济形势变化对就业产生的不利影响发挥了积极作用。

促进以创业带动就业的关键是要推动高校毕业生、农民工、复转军人和下岗失业人员等重点人群的创业。当前，我国高校毕业生创业参与和成功率，无论是与其他群体比还是与国际比都较低，这一方面表明差距所在，另一方面也表明推动大学生这一具有知识基础又最富有激情的群体创业，是有广阔的发展空间的。因此，要重视激发大学生的创业活力，挖掘大学生的创业潜能，发挥他们的专业知识优势，鼓励他们满足市场需求，大胆去试去闯。要积极开展大学生创业教育和实践活动，增强创业意识，提高创业能力。要落实好创业扶持政策，激发他们的创业热情，提供合适的创业项目和创业专家咨询服务，加强创业指导，建立专门的创业孵化基地和创业园区，为他们的创业铺开一条绿色通道，大力提高他们的创业成功率。

人力资源和社会保障部对推动高校毕业生创业工作予以高度重视，并作为重点工作进行部署安排和推动。2010 年初，经国务院同意，人力资源和社会保障部等 6 部门下发了大力促进高校毕业生就业的通知，部署 2010 高校毕业生就业推进行动，明确提出把高校毕业生就业摆在当前就业工作的首位，突出抓好“岗位拓展计划”“创业引领计划”和“就业服务与援助计划”这三个计划的实施。5 月初，人力资源和社会保障部又专门发布了《关于实施大学生创业引领计划的通知》，具体组织实施“大学生创业引领计划”。该计划旨在贯彻落实党中央、国务院促进以创业带动就业的战略部署，坚持政府促进、社会支持、市场导向、自主创业的基本原则，发挥政府部门、公共服务机构和高等学校的职能作用，调动社会各方面力量，采取一系列鼓励、引导和扶持措施，强化创业意识，提升创业能力，改善创业环境，健全创业服务，引导和带领一大批大学生通过创业实现就业。工作目标确定为：在 2010—2012 年的 3 年中，引领 45 万名大学生实现创业。使有创业愿望并具备一定条件的大学生都得到创业培训，准备创业的大学生都得到创业指导服务，市场导向的大学生创业机制初步建立。

“大学生创业引领计划”的主要任务包括四个方面：开展大学生创业培训（实训）、对大学生创业给予政策扶持、为大学生创业提供指导服务、为大学生创业提供孵化服务。其中，为提高大学生的创业意识，让大学生做好创业准备，组织开展大学生创业培训（实训）成为该计划的首要任务。包括按规定认定创业培训（实训）机构，选评一批创业培训师和讲师，探索建立模拟公司、信息化创业实训平台等，组织有创业愿望的大学生参加创业培训或演练。

为搞好大学生创业培训，需要开发一系列针对大学生群体的创业培训教材和丛书。由周天勇等同志共同编写的本套丛书，立足大学生创业培训的现实需要，覆盖大学生创业的各个方面和相关环节，针对性较强。由于兼顾了创业基本知识和实际操作技能的普及，特别是汇集了各类创业案例的展示和分析，可以作为创业培训的辅助教材，能够为开展大学生创业培训和实训提供较好的指导和帮助。这套丛书的出版，也体现了社会各方面对大学生创业的关心和支持，在此，对编者表示衷心感谢。希望丛书能在我国大学生创业培训体系建设过程中得到应用和检验，并不断丰富和完善。

張小建

2010年10月8日

重大战略：建设一个创业型的国家

中共中央党校政策研究室　周天勇

胡锦涛同志在谈及构建社会主义和谐社会时重申了党的十六大有关鼓励创业的精神：必须最广泛、最充分地调动一切积极因素，发挥各方面的创造活力，不断推动经济社会发展；要全面贯彻尊重劳动、尊重知识、尊重人才、尊重创造的方针，形成与社会主义初级阶段基本经济制度相适应的思想观念和创业机制，营造鼓励人们干事业、支持人们干成事业的社会氛围，放手让一切劳动、知识、技术、管理和资本的活力竞相迸发，让一切创造社会财富的源泉充分涌流，以造福于人民。我认为，我们有必要从经济和社会发展的战略高度，对有关形成创业机制，特别是鼓励人们创业和干事业的精神，加以深入理解，并且在战略部署、体制安排、政策设计及制定方面予以贯彻和落实。

建设创业型国家的重大战略意义

鼓励人民创业，建设创业型国家，是落实科学发展观的重要内容。发展依靠谁？我认为需要分清两种发展的动力观：一种是人民创业推动发展，另一种是政府创业推动发展。过去，特别是计划经济时期，我们的经济发展采取政府投资、国家创业、劳动者就业推动的方式。这种政府主导创业推动的经济增长，亏损面大，消耗高，并且资本有机构成越来越高，劳动参与率越来越低，特别是农民参与非农业劳动和分配的比率很低，GDP 的资本和国家分配比率日益上升，人民生活水平并没有与经济发展同步提高。而全心全意依靠全体人民的奋斗精神和艰苦创业推动经济发展，既可以使人民群众的积极性和创造力充分发挥出来，又减少了经济发展的组织成本，把降低资源消耗变成广大创业者的行动，还使得广大人民群众的智能、技能、才能和劳动能力得到充分利用，经济发展充满活力，形成人民广泛参与推动发展和分享发展成果的局面。

鼓励人民创业，就是政府创造宽松的体制和政策环境，并给予帮助，引导广大人民群众积极投资创业，创办个体、微型和中小企业；通过小本投资、实用技术、经营管理和劳动投入，造就大量的个体和中小业主，形成资产积累，拥有产业；通过个体、微型和中小企业提供大量的就业和个人发展的机会，包括非正规就业岗位，使广大劳动者谋求事业、自主就业。从过去国家创业，政府办企业和事业，通过党政社团机关、事业单位和国有企业吸收就业，转变为鼓励人民创业，大量地通过非正规、个体、微型和中小企业就业，既符合世界各国企业、就业结构和创业及就业的规律，也是中国国情、体制转轨、结构调整的一种必然趋势。

只有鼓励广大人民群众创业，才能转变经济增长方式，也是未来推动中国经济发展的主要动力源泉。从目前经济增长的要素结构来看，资本、土地、资源等要素投入推动的比重较大，而劳动和技术要素推动的比重相对较小，经济增长呈现一种土地和资源消耗型的方式。鼓励人民创业和创新，一是可以将过剩的劳动力资源尽可能多地转变成劳动密集程度较高的制造业产品，提高生产的技术含量，将劳动力过剩劣势转化为劳动力丰富的比较优势，增强产业的技术竞争力，减少发展对资本和资源的依赖；二是发展生产服务和生活服务业，提高第三产业的就业和产出比重，降低土地和资源消耗水平。目前，我国经济增长的动力主要来自于特大和大型企业的发展、外资投入、出口拉动、政府的基础设施建设、房地产投资等，能吸收就业和利用劳动力资源的微型企业和中小企业对经济增长的拉动和贡献相对较小。而有关计算研究表明，由于我国目前除了特大型企业少，更重要的是微型和中小企业数量太少，从调整企业结构的角度看，我国未来经济增长的26%，应当来自于个体、微型和中小企业的投资、经营和就业。鼓励创业，将会改变目前发展的动力结构偏重依赖于大企业、外资出口和房地产的不合理局面。

只有鼓励人民创业，大力发展个体、微型和中小企业，才能转移农业过剩的劳动力，从根本上解决“三农”问题。创业形成的个体、微型和中小企业，可以吸收从农业和农村向城市和非农产业转移的农民。从我国农民的收入结构看，主要来自于农业和务工收入，而同样地少人多的日本、韩国和我国台湾地区，农民的收入来自于产业（小商铺、小工厂）收入、物业（土地和房产出租及入股）收入、就业（非农业工作）收入和农业收入四大部分，其中农业收入的比率越来越低，目前已经降低到1/5左右。因此，增加农民收入，让农民富裕起来，很重要的方式就是通过鼓励创业，使农民不仅有农业和非农业就业收入，还有产业和物业收入。

只有鼓励创业，才能从根本上解决我国的城乡就业难题。当前，面对就业压力，建设创业型的国家，已经是一个非常紧迫的战略任务。从世界各国企业结构和劳动力就业的规律来看，95%以上的企业是微型和中小企业，每个微型和中小企业平均就业规模9～15人，65%～80%的劳动力在个体、微型和中小企业中就业，发展中国家每千人20～30个企业，发达国家每千人45～55个企业。微型和中小企业，是吸收劳动力就业的基础组织单元。根据普查，2004年，包括具有微型和中小企业规模的个体经济，我国每千人只有3.1个企业，大大低于世界各国每千人企业数量水平。因此，大力发展个体、微型和中小企业，将政府投资、国家创业、劳动者就业的道路，转变成人民创业，国家提供公共服务和社会管理，就业之路才会越走越宽。

只有鼓励人民创业，才能从积极方面缩小城乡、地区和居民之间的发展和收入差距，才能在初次分配方面实现基础性的社会公平。一些拉美国家发展的教训说明，微型和中小企业相对少，中等收入人口占总人口比例就小，因失业和就业不足而导致的低收入和贫困人口比例就大，收入两极化的状况就很明显。而东亚一些国家和地区的发展则相反，由于中小企业多，就业岗位多，中等收入人口多，贫困人口相对少，人民生活水平提高较快，贫富差距被缩小，基尼系数也较低。因此，通过创业，城乡居民拥有产业（商业和工厂）、物业（房地产）、财业（股票、债券和存款等）、事业（工作室、个体经营、特殊职业、个人发展目标等）、就业（工作岗位）和家业（住房、耐用消费品和汽车等），才能扩大我国社会中等收入者的比重，减少因失业造成的贫困人口，提高低收入者收入水平，形成一个初次较为公平分配的格局。

为什么编写这样一套创业丛书

为了落实党的十七大提出的“创业带动就业的”民生战略，在张远华和刘耀天等热心于青年创业事业的人士的支持下，我们组织了对创业有研究和实践，并在大学教授创业课程的学者及教师撰写了这样一套丛书。

虽然国家提倡创业，但是大学生、社会青年，包括一些失业后想创业的中年人群如何创业，目前市面上还没有实际能操作的一套系列丛书。我们不仅要从精神上鼓励青年创业，还要从操作层面上授他们以工具。这就是我们编写这套丛书的初衷。

这套丛书的特点是，比较系统和配套，让创业者从如何进行创业准备、如何进行工商注册等这样的具体的过程谈起，并讲到如何选择项目、如何开拓市场，包括怎样规避创业的风险，从过程到案例，许多是亲身经历者的体会。创业也不能打无准备之仗。而准备，就是要通过书本了解前人总结的创业的一般性过程、规律、成功的条件及存在的风险等。当然，创业是千差万别的，这套丛书只是给最初创业者一个书本上的知识。真正如何进行创业，还要把书本上的知识与实践相结合。中国文化上常讲“觉悟”一词，这套书就是给准备创业和正在创业的人以“觉”。需要注意的是，创业的成功在于创业者的“悟”，仅有“觉”没有“悟”，创业很难成功。但是，没有“觉”就没有“悟”的知识基础，就不会有更好的“悟”。创业成功，需要“觉”和“悟”相结合，这就是这套丛书的贡献所在。

实施建设创业型国家战略的政策建议

建设创业型国家战略能不能实施，人民能不能积极地创业，使个体、微型和中小企业有一个长足的发展，根治失业和缓解社会不公平问题，关键在于坚持发展非公有制经济不动摇，在于政府有关体制的改革和行为的规范，在于一些支持创业政策的出台。党的十六大报告提出，在社会变革中出现的民营科技企业的创业人员和技术人员、受聘于外资企业的管理技术人员、个体户、私营企业主、中介组织的从业人员、自由职业人员等社会阶层，都是中国特色社会主义事业的建设者。对为祖国富强贡献力量的社会各阶层人们都要团结，对他们的创业精神都要鼓励，对他们的合法权益都要保护，对他们中的优秀分子都要表彰，努力形成全体人民各尽其能、各得其所又和谐相处的局面。

目前，我们的思维模式、体制和有关政策，还带有浓厚的国家创业推动经济发展的色彩，在审批、注册、市场准入、检查、收费、罚款、融资、土地等诸方面，对人民创业、国家服务和管理这样的发展模式，存在着这样或那样的不相适应。从实施创业型国家的战略看，关键是要改革阻碍和影响人民创业的行政管理观念、管制体制、法律和条例及较高税费负担和歧视创业的有关政策。一是清理对创业不利的行政管制体制，学习各国解决就业的经验，允许备案型的个体、微型和中小非登记企业存在和发展；改变行政监管的重复、交叉、多层执法状况，杜绝个别机构和公务员为了部门和个体利益恶意执法的现象。二是改革目前执法部门利用公权牟取机构利益的体制，清理和废除对个体、微型和中小企业的各种收费和罚款，废除财政对各执法部门的收支两条线、超收奖励、罚款分成制度，工商、质监、城管、食药监、卫生、防疫、土地、建设、规划、市政等部门，由纳税人所交的税收全额供养，形成一个有利于人民创业的廉洁的政府环境。三是轻税薄赋，对人民创业，对能大量增加转移农村劳动力和就业的个体、微型和中小企业实行低税收制度，适当降低增值税和所得税税率；对农民创业的农产品加工，原料的增值税应当予以抵扣；投资土地使用权、设备和厂房等，应当在增值税和所得税项中进行适当的抵扣。四是加快金融体制的改革，对民间中小融资实行较为宽容的合理合法的管理；发展融资担保、风险投资、租赁融资等融资方式；鼓励银行为人民创业贷款，对向个体、微型和中小企业积极贷款的银行，国家在银行税收方面给以优惠。政府还要在信息服务、贷款贴息、扶持基金、经营场地等方面创造创业的环境。

创业形成的企业，是社会生产经营的组织形式，其诞生和运营往往有政府准入和管理的管制和收费制度。因此，企业法人的诞生数量，企业在运营中生死多少，能不能建设一个创业型国家，除了决定于创业者、资金、市场、经营管理水平等因素以外，很重要的一个方面是决定于政府对个体、微型和中小企业的管理方式和行为。政府从自己投资创业转向鼓励人民创业，从行政管制转向公共服务，从执法牟取部门利益转向清正廉洁执法，将是实施建设创业型国家战略是否成功的关键。

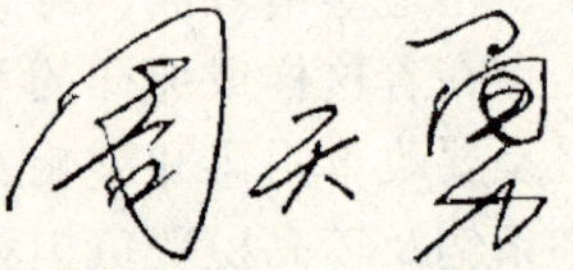

2010 年 11 月 2 日于大有庄 100 号

目录

第一章　市场营销基础知识

第二章　市场营销前期市场分析

第三章　市场营销策略的选择

第四章 市场营销管理

第五章 市场营销的保障

第一章

市场营销基础知识

学习目标：

通过本章的学习，你将能够了解：

市场

市场营销

市场营销环境

第一节　市　　场

> 市场如布，不会“天衣无缝”；企业似“针”，总可以插入别人难以发现的缝隙。关键在于企业要有缝隙意识，敏锐地捕捉每一个市场缝隙和市场的新需求。一个市场的缝隙就是一片广阔的新领域，谁能率先透过消费者的“显示需求”寻隙而入，谁就可以从林林总总的市场中闯出自己的一片天。
>
> ——【日】酒井邦恭

市场是创业的舞台。在创业旅程开始时，每一个创业者都信心十足，都有远大的抱负，都有一个美好的愿景梦想，但我们的梦想是不是可以实现？如何实现？怎样经营我们的梦想？这就需要我们能充分地了解市场，把握市场。

企业的生存依赖于市场，一个没有市场的企业就不能称之为企业。打开市场，就需要做好市场经营，而经营活动的中心环节就是企业的市场营销活动，每个成功的公司或企业，都有强大可靠的市场营销力量。要想让企业在市场中站稳脚跟，除了保证企业的产品具有强大的战斗力，也要保证其具备强大的市场经营能力。

一、市场概念及其类型

（一）市场概念

市场有狭义和广义之分。狭义的市场是指商品交换的场所，如建材市场、家具城、超市、服装批发市场、能网购的网站等。广义的市场是指在一定时空条件下商品交换关系的总和。市场由消费者、购买力和购买意愿三个基本要素构成。这三个基本要素相互联系、相互制约，因此，要成为现实的市场就必须是人口、购买力和购买欲望这三者的统一。

（二）市场的类型

根据主体的不同市场有很多不同的分类，这里以企业作为主体，大致分为两类：一是采购市场；二是销售市场。在采购中，企业要购买各种各样的生产资料，包括人力资源；在销售活动中，企业要销售所生产和经营的各种各样的有形商品和无形服务。本书所说的市场主要是指创业企业的销售市场。

诚如日本的酒井邦恭所说，一个市场的缝隙就是一片广阔的新领域，谁能率先透过消费者的“显示需求”寻隙而入，谁就可以从林林总总的市场中闯出自己的一片天。这缝隙，对于要创业的企业来说尤为重要。

【延伸阅读】

市场分类：

1. 按市场的形成过程，可分为不发达市场、欠发达市场和较发达市场。

2. 按生产要素，可分为劳动力市场、金融市场、技术市场、信息市场、房地产市场等。

3. 按商品的流通环节，可分为批发市场、批零兼营市场和零售市场。

4. 按交易方式，可分为现货市场和期货市场。

5. 按流通空间，可分为农村市场、城镇市场、区域市场、国内市场和国际市场等。

6. 按供需双方的力量对比，分为买方市场、卖方市场。

7. 按竞争程度，可分为完全竞争市场、完全垄断市场、垄断竞争市场。

8. 按不同商品的交换场所，可分为粮食市场、煤炭市场、家具市场、蔬菜市场、纺织品市场等。

二、市场的基本特征

这里仅就市场的一般特征给予简单描述，市场本身很大，每个不同的市场又有自身不同的特点，并不是所有的市场都只具有这些特征。

1. 开放性

目前随着全球经济的不断发展，尤其是电子商务的快速发展，市场的开放性越来越凸显出来，市场面向所有企业、经营者和消费者开放，向全部社会资源要素开放，向各个行业、地区和国家开放，各类市场主体都可以自由参与市场活动。

2. 多元性

市场在发展中不断地增加商品交换的种类、内容、方式和手段等，而且参与市场活动的主体的引导和需求也越来越多元化。

3. 自主性

企业只要符合国家法律法规和政策的规定，对于经营的产品有着很大的自主性，可以不断地根据需要调整自己的经营方向。消费者也可以根据自身需求购买需要的产品来满足需求。

4. 竞争性

市场运行的基本原则是平等进入、公平竞争。所有市场参与者在进入市场和从事交易活动时，机会和地位都是均等的，没有倚仗权力或其他非经济因素形成的等级差别。在平等参与的基础上，各个经济主体靠自己的经济实力开展全面竞争，通过公平竞争实现优胜劣汰。

三、市场功能

市场功能指市场机体在运行过程中发生的功用或效能。尽管各种市场不尽相同，在性质、规模以及发育状况、地位、作用等方面存在着差别，但从宏观上来讲，市场的基本功能主要有：

1. 交换功能

这是市场最基本的功能。表现为以市场为场所和中介，促进和实现商品交换的活动。尽管目前商品的范围已扩展到各种无形产品及生产要素，但都是通过市场完成其交换和流通的。

2. 引导功能

这也是市场的基本功能。市场通过商品交换，对生产起着重要的促进和引导作用，可以促进企业在生产规模、生产结构和投入比例等方面与购买者投入市场的货币量相适应；也可以从产品的规格、质量、品种等方面引导企业生产出符合市场需求的产品。

3. 调节功能

这是市场的核心功能。指市场的自我调节能力。在内在机制的作用下，能自动调节社会经济的运行过程和基本比例关系。在社会生产、分配、交换、消费的全过程，通过市场机制调节市场主体之间的利益分配关系，调节市场商品的供求总量与供求结构，调节社会消费水平、社会消费结构和社会消费方式等。在上述调节的基础上，最终达到对社会经济基本比例关系的自动调节。

4. 反馈功能

这是市场的延伸功能。指市场把交换活动中产生的经济信息传递、反映给交换当事人，在进行市场活动的各个环节，信息都在不断地转换和传达。信息的反馈功能，可以为国家宏观经济决策和企业生产经营决策提供重要依据，从而为国家和企业下一步的决定和调整方向提供依据。国家通过反馈信息，可以运用各种宏观调控手段，直接调节市场商品供求总量及其结构的平衡关系，间接引导和调节企业的生产经营方向，从而实现对社会经济活动全面有效的控制。

从微观上来讲，市场对企业的生产经营活动具有直接导向作用。尤其对创业企业，市场的需求是创业企业最先考虑，也是最重要的创业导向。作为创业企业，只有敏感地捕捉市场的风吹草动，才能更好地确立和把握自己的经营方向。对于已经创业的企业，可以通过产品价格的上涨来判断某类产品、服务或资源的紧缺，从而增加相关产品的生产和销售，或者对某项服务甚至资源做适当调整。对于正在准备创业的企业，可以通过市场的变化发现商机，发现目标，确立自己的创业方向。

【延伸阅读】

创造未来市场需求机会的方法

一个优秀的创业者，不仅要有卓越的捕捉和预测市场机会的能力，更要善于把握市场的发展变化趋势，创造出有利于本企业发展的市场机会。这就要求创业者具有丰富的知识和超常的判断力，以创造性的思维方式寻求新的市场机会，通过积极有效的引导，创造出新的市场需求。创造未来市场需求机会主要有如下几种方法：

（1）改变思维方式创造新的市场需求。长期以来，人们都习惯于以一种思维方式看市场，束缚了企业寻求新市场需求、创造新市场的能力。如果换种思维方式，可能会发现许多新的具有吸引力的市场机会。创造市场机会的思维可以是逆向思维寻求市场进入机会。这种方式有效而又简捷。例如，人们通常认为北极地区是没有冰箱市场的，而恰恰有人在那里很成功地开发出了市场，冰箱在那里不是用做冷藏，而是用于保温。创造市场机会的思维也可以利用深厚的文化传统为基底，创造出充满“文化味”的市场机会，如无锡的“三国城”“唐城”，已经成为著名的游览胜地。别具匠心的、渗透深厚文化内涵的包装，可以为创业企业拓展无穷无尽的市场机会空间。

（2）技术创新创造市场进入机会。如果创业者能够发明或者改进某些新技术，就必然会引起消费者新的需求，从而带来许多新的市场进入机会。例如，电子计算机的问世，将人们带入了一个全新的信息化时代，也使IBM公司（国际商用机器公司）成为计算机世界的一代霸主；尼龙的发明，创造了一个全新的合成纤维产业，杜邦公司也因此成为合成化纤行业的鼻祖。对于现代创业企业来讲，特别是那些处于技术驱动型行业，如半导体、计算机、通信等行业的企业来说，利用技术创新来获得竞争优势，创造市场进入机会，是企业获得成功的决定性因素。

（3）开发相关产品创造新市场机会。如果创业企业没有实力开发新的行业市场或主导产品，那么也可以考虑生产与市场上某一主导商品相联系的系列产品而形成新的边缘市场机会。因为许多商品使用时都需要配套性装置，这些配套装置有相当一部分是有待开发的新产品，这就需要创业企业把握已上市的商品和待开发商品之间相互依存、不断延伸的内在联系。

案例 1—1　重要的是要有发现市场的眼光

有两个销售业务员同时到一个岛屿上去考察卖鞋市场，考察之后，其中一个业务员很沮丧地说，那个岛屿上的人都是光脚的，从来不穿鞋，所以没办法卖掉鞋；而另外一个业务员却是高兴地说，那个岛屿上的市场很大，因为他们现在都是光脚不穿鞋的，只要能让他们穿鞋，你说这个市场是不是非常大啊！

专家点评

市场是可以创造的，可以通过营销策略改变消费者原来的生活方式，创造消费者的需求，从而设计一种全新的生活方式影响需求并创造市场，让顾客跟着企业走。一个成功的企业，在竞争中保护好现有市场的同时，开发和创造自己的新市场，才是上策。

站在创业企业的角度，重要的是要有发现市场并创造市场的眼光。

第二节 市场营销

> 我拥有六个忠诚的仆人，他们教会我一切。他们是：何人、何时、在何处、做什么、为什么要这样做和如何去做。
>
> ——拉迪亚德·基普林
>
> （Rudyard Kipling）

“市场营销”对于关心、即将或者正在创业的人来说，已经是一个非常熟悉的词汇，人们每天在自觉或者不自觉地听、看、感受、探索甚至创新，营销或被营销。营销在人们的生活中无处不在，那市场营销究竟是什么呢?

一、市场营销概念

市场营销由 Marketing 意译而来，有很多表述。刚开始有一种认识是把市场营销等同于销售或推销，认为市场营销就是把货物推销出去，就是销售和销售促进。现代市场营销学认为，推销是市场营销活动的组成部分，但不是最重要的部分。目前通用的市场营销定义是：企业在变化的市场环境中，为满足消费者需要和实现企业目标，综合运用各种市场营销手段，把商品和服务整体地销售给消费者的一系列市场经营活动。市场经营活动包括市场调研、选择目标市场、产品开发、产品定价、渠道选择、产品促销、产品储存和运输、产品销售、提供服务等。

从概念中可以看出市场营销是一个庞大的系统。创业初期，很多创业者能维持企业的正常运转就是一件非常了不起的事情了，如果要做到上述每一个方面几乎不可能，那对于还没有起步或者刚刚起步的创业企业如何去做呢？其实并没有标准答案，在创业初期这个艰苦奋斗的过程，尽可能地去以性价比最高的方式开始自己的市场营销生涯，不可能在一开始就能成套地系统地去做市场营销，这里的概念只是提供一种思路、一种视野、一种意识。

二、市场营销观念

观念决定行为，思路决定出路，有什么层次的观念就有什么层次的决策和行动。营销观念是企业市场行为的指导思想，体现了一个企业在开展市场营销管理的过程中，处理企业、顾客和社会三者利益关系方面所持的态度、思想和观念，集中体现在企业以什么样的方法和态度来对待市场、顾客和社会。

（一）市场营销观念的演变

市场营销观念大体分为五种：生产观念、产品观念、推销观念、市场营销观念和社会市场营销观念。根据对于环境依赖程度的大小，将前三种市场营销观念称为传统的营销观念，后两种称为现代营销观念。

1. 生产观念

生产观念产生于19世纪末20世纪初。认为生产是最重要的因素，只要生产出有用的产品，就不愁没有销路。由于社会生产力水平还比较低，商品供不应求，市场经济呈卖方市场状态。正是这种市场状态，导致了生产观念的流行。表现为企业生产什么产品，市场上就销售什么产品。

2. 产品观念

认为产品是最重要的因素，顾客喜欢购买高质量、多功能和具有特色的产品。只要企业致力于精心生产品质优良、功能齐全、特色鲜明的产品，就不愁挣不到钱。企业总是在生产更好的产品上下工夫，努力改进、研发产品，但却常出现顾客“不识货”“不买账”的情况。

3. 推销观念

推销观念产生于现代工业高度发展时期。认为消费者存在不愿充分购买产品的倾向，企业只有通过强有力的推销才能将产品卖出去。因而企业开始大力开展推销和促销产品活动，刺激消费者更多地购买产品。

4. 市场营销观念

这是一种以顾客需求和欲望为导向，以顾客为中心的观念。这种观念认为，实现企业目标的关键是准确判断顾客群体的需求和欲望，并以消费者需求为中心集中企业的一切资源和力量，设计、生产适销对路的产品，满足消费者的需求，以此在激烈的市场中获胜。

5. 社会市场营销观念

这种观念认为，企业提供的产品不仅要符合消费者的需要与欲望，而且要符合社会的长远利益。企业要关心与增进社会福利。强调要将企业利润、消费需要、社会利益三个方面统一起来。

由生产观念、产品观念转变为推销观念，是企业经营指导思想上的一大变化。但并没有摆脱“以产品为中心”的范畴。前者强调生产产品，后者强调推销产品。市场营销观念和社会市场营销观念把推销观念的逻辑彻底颠倒过来了，不是生产出什么就卖什么，而是首先发现和了解消费者的需要，消费者需要什么就生产什么、销售什么。消费者需求在整个市场营销中始终处于中心地位，这是企业经营思想的一次质的飞跃。五种观念的演变如图 1—1 所示。

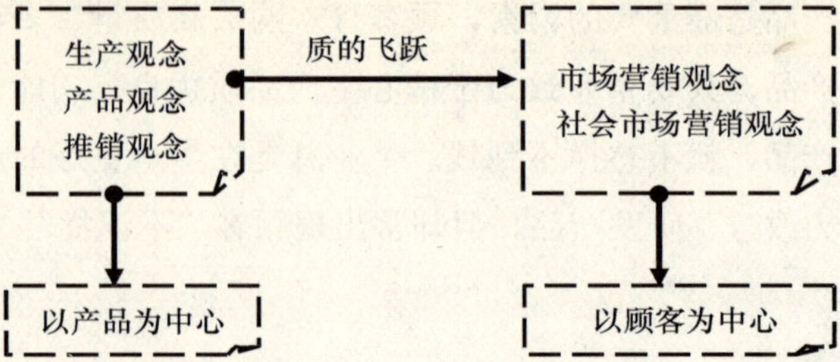

图 1—1 五种观念的演变

【延伸阅读】

营销学发展史上的三大经典营销策略组合理论

1. 4P

即产品（product）、价格（price）、促销（promotion）、渠道（place）。它的主导是以满足市场需求为目标。

2. 4C

即消费者（consumer）、成本（cost）、便利（convenience）和沟通（communication）。它的主导是以追求顾客满意为目标。

3. 4R

即关联（relativity）、反应（reaction）、关系（relation）和回报（retribution）。它的主导是以建立顾客忠诚为目标。

它们之间有一个逐渐发展的过程：4P—4C—4R，它们之间的区别从字面上就可以理解了，所追求的目标是不同的。4P 为企业营销策划提供了一个有用的框架，不过 4P 是站在企业立场上的；而 4C 从顾客需求角度思考如何设计和研发产品，从顾客成本角度考虑如何制定最合理的价格；4R 营销理论以关系营销为核心，注重企业和客户关系的长期互动，重在建立顾客忠诚，它既从企业利益出发又兼顾消费者的需求，更为实际和有效。

（二）市场营销观念的新发展

20 世纪 80 年代以来，随着国际形势和市场环境的变化，又产生了一些新型的营销观念：

1. 竞争观念

企业要在竞争中处于有利地位，必须首先识别那些未被竞争者所满足的市场需求，或是还未被充分满足的市场需求，然后根据企业的实际情况，在符合企业目标的前提下，使企业营销活动积极参与市场竞争，采取合理合法的竞争手段，吸引消费者，占据市场，取得效益。

2. 整体市场营销观念

从企业的长远利益出发，企业的市场营销活动应该包括构成其内外环境的所有重要行为者，包括供应商、分销商、消费者、政府、竞争者、传媒和公众等，针对主体行为者的不同，及时采取合理的市场营销策略，使企业取得更长远的利益和发展。

3. 关系营销观念

企业要与顾客创造更亲密的工作关系和相互依赖的关系，从而保持双方的连续性交往，以提高品牌忠诚度，巩固和扩大市场销售。在市场竞争激烈的情况下，企业不断认识到市场营销不仅要争取新顾客，而且要保持老顾客，谁与顾客建立稳定的交易关系，谁就能拥有更多的未来销售机会，而且保持老顾客所花费的支出比争取新顾客要少得多。

4. 绿色营销观念

又称为环境营销、生态营销，是企业应对全球环境日益恶化发展出来的一种营销重点和技术操作，以消费者的绿色消费需求为基础。具体指企业在绿色消费的驱动下，从保护环境、充分利用资源的角度出发，通过开发绿色产品来保护自然，从而满足消费者的绿色需求，并最终实现营销目标。

5. 创造需求的营销观念

随着社会的进步，消费需求的多元性、多变性和求异性特征不断凸显出来，需求在某些层次上表现出了模糊不定的无主流化趋势，而且变化非常快，如果完全强调按消费者购买欲望与需要组织生产，在一定程度上会抑制产品创新，而创新正是经营成功的关键所在。为此，一些企业提出了创造需求的新观念，其核心是指市场营销活动不仅仅限于适应、刺激需求，还在于创造消费者的需求，即创造市场需求。

案例 1—2　　以顾客为中心

有一家布鞋厂生产了一种海蓝色涤纶塔跟鞋，因款式新颖，又很舒适，很受消费者欢迎，不少用户前来订货。为了进一步扩大销量，该厂主动给滨州市一家老客户商店送了一批新产品，不久，这家商店却来信要求退货。热销货怎么会要求退货呢？厂方百思不得其解，便迅速派人前去调查，原来根据滨州的风俗，只有办丧事的人家，妇女们才穿这种蓝色的布鞋，以示哀悼。这批布鞋款式虽新，颜色却为当地消费者所忌，因此成了“冷门货”。吃一堑，长一智，1983 年春，这家鞋厂了解到即墨县一带有一种风俗，每逢寒食节，所有第一年结婚的新婚妇女都要给七姑八姨每人买一双鞋。为此，该厂马上组织力量生产了四千双各种规格的布鞋，并赶在清明节前几天发到即墨，结果不到一天就销售一空。

专家点评

市场营销观念是一种意识形态，布鞋厂的前后做法是典型的以产品为中心和以顾客为中心的营销策略，前后两种做法的指导思想不同，产生了截然不同的结果。很多的创业企业，一开始很容易只关注于对自己产品的开发完善，而不去考虑消费者的需求，以致在进入市场不久就遭受了失败的厄运。

第三节　市场营销环境

> 如果知道我们现在在哪里，并多少知道我们是如何到达这里的，就可以看出我们将走向哪里——如果我们正走向不可接受的结果，就应及时改变我们的方向。
>
> ——亚伯拉罕·林肯
>
> （Abraham Lincoln）

在营销活动中，环境是指影响企业生存和发展的各种外部条件，既能给企业提供机遇，也能给企业造成威胁。企业必须根据现实环境及其发展趋势，制定并不断调整营销策略，才能在激烈的市场竞争中保持自己的一席之地。

一、市场营销环境

市场营销环境是指影响企业与目标顾客建立并保持互利关系等营销管理能力的各种角色和力量。按其对企业营销活动影响因素的范围，可分为宏观市场营销环境和微观市场营销环境。按其对企业营销活动的影响，可分为有利环境与不利环境。按其对企业影响的时间，又可分为短期环境与长期环境。

（一）微观市场营销环境

微观市场营销环境是指与企业紧密相连，直接影响其营销能力的各种参与者，这些参与者包括企业的供应商、营销中间商、顾客、竞争者、社会公众，以及影响营销管理决策的企业内部各个部门。微观环境直接影响和制约企业的市场营销活动。主要包括以下几个方面：

1. 企业

包括市场营销管理部门、其他职能部门和最高管理层。企业在营销过程中，为了实现企业目标，必须协调和处理好企业内部各部门之间的关系和矛盾。

2. 供应商

3. 营销中间商

包括中间商、代理中间商、辅助商等。

4. 顾客

5. 竞争者

包括愿望竞争者、一般竞争者、产品形式竞争者、品牌竞争者。愿望竞争者指提供不同产品以满足不同需求的竞争者。如电视机制造商的愿望竞争者就是生产冰箱、洗衣机、计算机等不同产品的厂家。

6. 公众

包括金融公众、媒体公众、政府公众、市民行动公众、地方公众、一般公众、企业内部公众等。

（二）宏观市场营销环境

宏观营销环境指对企业营销活动造成市场机会和环境威胁的主

要社会力量。宏观营销环境的因素包括人口统计环境、经济环境、自然环境、科学技术、社会文化和政治法律环境。

1. 人口统计环境

市场是由有购买欲望同时又有支付能力的人构成的，人口的多少直接影响市场的潜在容量，主要包括人口规模、人口结构、人口分布和人口流动性等因素。

2. 经济环境

重点分析国家经济发展阶段、经济增长率、产业结构、消费者收入水平、消费结构和储蓄、信贷情况的变化等因素。

3. 自然环境

主要指营销者所需要或受营销活动所影响的自然资源，要综合考虑自然资源、地理及气候条件和环境保护。

4. 科学技术

科学技术对企业的市场营销是“创造性的破坏力量”，具有“双刃剑”的作用。新技术的运用缩短了产品开发周期，产品更新更快，给某些企业造成新的市场机会，同时也会给某个行业的企业造成环境威胁，使其受到冲击甚至被淘汰。

5. 社会文化

主要指一个国家、地区的民族特征、价值观念、生活方式、风俗习惯、宗教信仰、道德规范、教育水平、语言文字等的总和。文化对市场营销的影响是多方面的，不仅影响企业营销组合，而且影响消费心理、消费习惯等，这些影响多半是通过间接的、潜移默化的方式来进行的。

6. 政治和法律环境

政治环境指企业市场营销的外部政治形势，包括了政治体制、经济管理体制、政府与企业的关系；法律环境指国家或地方政府颁布的各项法规、法令和条例等。市场经济是法制经济，要依法管理经济，保护市场行为主体的权益。

市场营销环境尽管有很多企业不可控制的因素，但企业要了解适应环境，作出动态反应；也可主动预测、发现和分析环境变化趋势；同时加以改善利用，以提高自身的经营能力。

案例 1—3　　入乡还得先问俗

在 MBA 课程的很多营销案例中，有很多典型的关于市场营销环境的案例，这里简单列举两个典型案例说明市场环境的重要性。

1. 咖啡在亚洲市场不断被消费者所接受，咖啡壶的市场也不断在增长。飞利浦公司发现日本人的厨房比较狭小，而且日本人的手比西方人的手要小。于是缩小了咖啡壶的尺寸，该公司在销售市场上取得了很好的业绩。

2. 可口可乐公司曾试图将两公升的大瓶可口可乐打入西班牙市场，但是销量甚小，可口可乐公司总部派员调查后发现，因为在西班牙很少有人用大容量的冰箱，所以导致大瓶可口可乐滞销。于是停止了销售大瓶可口可乐的计划，改为在西班牙境内销售小瓶可口可乐，结果大获成功。

专家点评

这两个案例很经典地说明了市场环境的重要性，根据当地市场环境的不同及时调整自己的产品或者营销策略，进一步成功地打开市场销路。

在案例 1—2 中，也涉及了这个问题，鞋厂开始因为没有注意到新市场的民俗而没有进一步扩大市场，后又根据市场环境，适应当地民俗，最终打开新的市场。

二、市场营销环境分析

（一）市场营销环境分析评价

一般情况下，市场营销环境都是机会与威胁并存、利益与风险结合在一起的综合环境。目前企业市场营销环境的分析和评价，主要包括以下步骤：

1. 识别影响企业营销环境的相关环境因素

企业营销活动要受到市场营销环境因素的影响，但是，并不是所有的因素在一定时期内都与企业营销活动有关。因此，要找出与企业营销活动密切相关的重要因素。分析辨别营销环境因素的常用方法是环境扫描法。环境扫描法是由专人负责收集信息，以掌握可能与企业营销有关的所有因素，并汇总得出与企业营销活动密切相关的主要环境要素。

2. 确定各相关因素的重要程度

明确了影响企业营销活动的相关因素后，还必须确定这些相关因素的重要程度。因为并不是所有的不利因素对企业营销活动构成相同的威胁，也不是所有的有利因素对企业营销活动形成相同的吸引力。明确环境因素的重要程度可以为企业营销活动决策提供正确的依据。

3. 环境评价和对策选择

分析、评价企业环境，可能出现四种不同的结果，如图 1—2 所示。

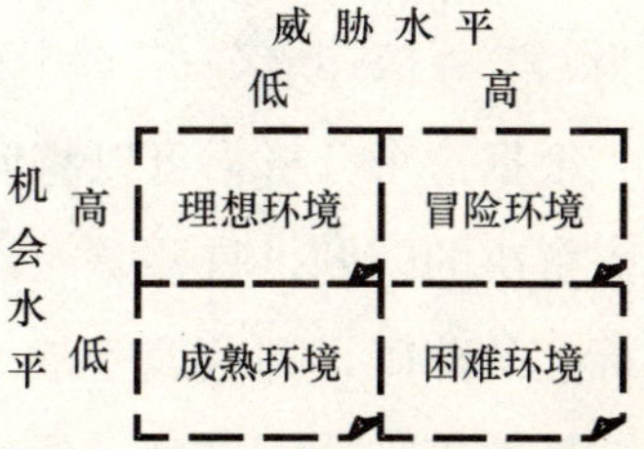

图 1—2　综合环境分析矩阵

（1）理想环境，即高机会和低威胁的环境。

（2）冒险环境，即高机会和高威胁的环境。

(3) 成熟环境，即低机会和低威胁的环境。

(4) 困难环境，即低机会和高威胁的环境。

四种环境状态又决定了相对应的四种业务，即理想业务、冒险业务、成熟业务和困难业务。在综合环境分析与评价的基础上，企业对各业务要分别采取不同的对策：对理想业务，企业应认识到“机不可失”，必须抓住机会；对冒险业务，面对高诱惑，既不可盲目冒进，也不可犹豫迟疑，要扬长避短，争取业务的成功；对成熟业务，由于机会和威胁水平都较低，可以作为企业的常规业务，维持企业的正常运行；对困难业务，企业要果断决策，要么立即转移，摆脱经营困难的局面，要么努力改变环境，走出困境。

(二) 市场营销环境分析方法

市场营销环境分析常用的方法为 SWOT 法，SWOT 分别代表优势（strengths）、劣势（weaknesses）、机会（opportunities）、威胁（threats）。

SWOT 用来确定企业本身的竞争优势、劣势、机会和威胁，从而将公司的战略与公司内部资源、外部环境有机结合，实现企业的目标。SWOT 是一种能够较客观而准确地分析和研究一个企业现实情况的方法。从整体上看，SWOT 可以分为两部分：第一部分为 SW 内部环境分析（优势与劣势），主要用来分析内部条件；第二部分为 OT 外部环境分析（机会与威胁），主要用来分析外部条件。

根据这个分析，可以将问题按轻重缓急分类，明确哪些是目前急需解决的问题，哪些是可以稍微拖后解决的事情，哪些属于战略目标上的障碍，哪些属于战术上的问题，并将这些研究对象列举出来，依照矩阵形式排列，然后用系统分析的思想，把各种因素相互匹配起来加以分析，从中找出对自己有利的、值得发扬的因素，以及对自己不利的、要避开的因素，发现存在的问题，找出解决办法，并明确以后的发展方向。

1. SWOT 分析的步骤

（1）列出企业的优势和劣势，可能的机会与威胁。

（2）优势、劣势与机会、威胁相组合，形成 SO、ST、WO、WT 策略。

（3）对 SO、ST、WO、WT 策略进行甄别和选择，确定企业目前应该采取的具体战略与策略。

2. SWOT 分析的主要内容

（1）分析环境因素。运用各种调查研究方法，分析企业所处的各种环境因素，即外部环境因素和内部环境因素。外部环境因素包括机会因素和威胁因素，它们是外部环境对企业的发展直接有影响的有利和不利因素，属于客观因素；内部环境因素包括优势因素和弱点因素，它们是企业在其发展中自身存在的积极和消极因素，属于主观因素。在调查分析这些因素时，不仅要考虑历史与现状，更要考虑未来发展趋势。

（2）构造 SWOT 矩阵。将调查得出的各种因素根据轻重缓急或影响程度等排序，构造 SWOT 矩阵。在此过程中，将那些对企业发展有直接的、重要的、大量的、迫切的、久远的影响因素优先排列出来，而将那些间接的、次要的、少许的、不急的、短暂的影响因素排列在后面。

（3）制订行动计划。在完成环境因素分析和 SWOT 矩阵的构造后，便可以制订出相应的行动计划。制订计划的基本思路是：发挥优势因素，克服弱点因素，利用机会因素，化解威胁因素；考虑过去，立足当前，着眼未来。运用系统分析的方法，将排列与考虑的各种环境因素相互匹配起来加以组合，得出一系列公司未来发展的可选择对策，如图 1—3 所示。

内部分析 / 外部分析	优势 S 列出优势	劣势 W 列出劣势
机会 O 列出机会	SO 战略 发挥优势 利用机会	WO 战略 克服劣势 利用机会
威胁 T 列出威胁	ST 战略 利用优势 回避威胁	WT 战略 减少劣势 回避威胁

图 1—3 SWOT 战略分析矩阵

【延伸阅读】

目前 SWOT 在个人职业生涯规划中也得到应用，是检查个人技能、能力、职业、喜好和职业机会的有用工具。如对自己做个细致的 SWOT 分析，那么会很明了地知道自己的个人优点和弱点在哪里，并且会仔细地评估出自己所感兴趣的不同职业道路的机会和威胁所在。

对于创业的人来说，SWOT 分析对个人的分析能更好地帮助创业者和创业企业的成长，做个人 SWOT 分析需要静下心来认真对待，详尽的个人 SWOT 分析做完之后，将有一个连贯的、实际可行的个人职业策略或者创业企业的成长策略供参考。在当今竞争白热化的市场经济社会里，很多人怀揣着创业的梦想，但并不是每一个人都能实现这一梦想。因此，为了使个人和企业发展更具有竞争性，很有必要花一些时间界定自己的个人优势和劣势，然后制订一份策略性的行动计划。

本章小结

市场基本知识	
市场	•
市场营销	•
SWOT 分析	•

课后思考题

（1）准备或者正在创业的你能写出你的市场是什么吗？

（2）对于你准备进入的市场，请尽可能地描述它的特征。

（3）本章介绍的五种营销观念中，请思考前三种观念的不同点和共同点。

（4）企业微观市场营销环境、宏观市场营销环境各包括哪些内容？

（5）举例说明人口因素对市场营销的影响，并最好举一个文化因素影响市场营销的例子。

（6）请用 SWOT 分析一下自己。

第二章

市场营销前期市场分析

学习目标：

通过本章的学习，你将能够了解：

市场调研

市场细分

市场定位

目标市场

第一节　市场调研

没有调查就没有发言权。

——毛泽东

市场调研的范围很广，对于企业来讲，市场调研是市场预测的基础，是企业正确进行决策的前提。通过市场调研，可以发现和确定顾客的需求，进而生产客户需要的产品，保证企业获得满意的利润；可以发现企业产品的不足及经营中的缺点，及时加以纠正，修改企业的经营策略，使企业在竞争中立于不败之地。对于创业企业来说，市场调研更是非常重要，前期的调研直接决定企业的生存和发展。

一、市场调研概念与功能

（一）市场调研概念

市场调研，又称市场营销调查，指以科学的方法收集市场资料，并运用统计分析的方法对所收集的资料进行分析研究，发现市场机会，为企业管理者提供科学决策所必要的信息依据的一系列过程。市场调研一般有狭义和广义之分。狭义的市场调研指针对顾客行为所作的市场调查；广义的市场调研除了针对顾客行为的市场调查之外，还包括市场营销过程的每一阶段。

市场调研的目的在于搜索、整理和分析市场信息，为认识市场、掌握规律、预测决策提供信息支持。因此，信息是市场调研的核心，一切市场调研活动都是围绕信息展开的。信息是决策的源泉，市场调研活动的过程实质上是市场信息获取、加工、传递、分析和使用的过程。

市场调研的内容包括以下几个方面：宏观经济调研、技术发展动态调研、消费者调研、产品销售调研、竞争对手调研等。消费者调研涉及消费者的基本情况、收入、支出、需求意向、意见、观念、习惯、行为和态度等，如可以调研消费者的消费刷卡习惯。虽然市场调研反映市场需求，判断市场态势，提供营销决策依据，但也有一些局限性，如调研过程中可能出现失误，因此调研报告只能作为决策参考。

（二）市场调研的功能

市场调研就是为解决具体的市场营销问题而进行的数据收集、处理和分析过程。市场调研的功能主要包括以下几个方面：

1. 描述功能

作为创业企业，可能有这样的计划：打开一个新的市场；推出一个拳头产品；给产品争取一个消费群体等。创业者很可能会有些茫然，发现自己对市场很不了解，不了解目前市场具体的供需状况、技术状况、竞争对手，甚至不了解自己的公司。通过一些网络或者别的渠道收集回来的信息不是支离破碎，就是陈旧过时，甚至真假难辨。这时候，创业者就非常需要市场调研。市场调研可以帮助创业者系统科学地了解市场，分析及预测市场，可以侦察竞争对手的市场表现和行业结构。

2. 诊断功能

当创业企业推出的产品屡屡碰壁，在市场上寸步难行时，就可以做一个市场调研，它可以对创业者的问题进行界定并初步分析，然后用适当的研究方法帮创业者找出原因，找到原因后就可以有针对性地采取对策了。

3. 假设检验功能

创业中，会经常遇到不知如何决策的时候，如当需要调整产品市场价格，要调整多少？当准备更换产品的颜色时，哪种颜色更符合当前消费潮流？当准备开发新产品，是开发多功能的，还是单一功能的？当创业者犹豫不决的时候，就需要市场调研。市场调研可以让创业者的决策理性化、科学化，可以降低决策失败的风险。

4. 预测功能

市场调研的预测功能一般在以下几种情况下发挥：一是新产品开发。新产品开发是一种投资行为，这种投资回报率如何、是否亏本必须事先弄清楚，即可行性研究。二是扩大产品规模。对于市场比较活跃的产品决定扩大生产规模。扩大到何种规模，必须预先弄清楚。三是常规预测。为做好市场计划，有必要定期（通常为一年）对市场潜量进行预测。这种预测对于供应、生产、销售、财务、人力资源、市场推广、拟扩建项目等方面的配套规划至关重要。

案例 2—1　　信息的重要性

美国巨富亚默尔 17 岁时，加州传来发现黄金的消息，他背上行囊来到加州加入寻金者的行列。寻找金矿的山谷气候干燥，水源奇缺，寻找金矿的人最感痛苦的就是没有水喝，他们一面寻找金矿，一面不停地抱怨："要是有一壶凉水就好了！""谁要是让我痛饮一顿，老子出两块金币也干！"这些话只不过是找金矿人一时发的牢骚，没有人在意。说过之后，人们又埋头找起金矿来。但在这抱怨声中，亚默尔的头脑开始思考。这些抱怨对于他来说，无疑是一个小小的、但却非常有用的信息。他想，如果他来做卖水的生意，也许比挖金子更能赚钱。于是，亚默尔毅然放弃了找矿，开始挖水渠，他把河水引进水池，经过细沙过滤，变成清凉可口的饮用水。然后，他便把水装在桶里、壶里，卖给找金矿的人们喝，立即受到找金矿者的欢迎，那些口干舌燥的人们发疯似的向他涌来，一块块金币也投向他的怀中。

当时不少人都嘲笑他不挖金子而干这种蝇头小利的生意，对于这些嘲笑和挖苦，亚默尔根本不介意，继续卖他的饮用水。结果，在很短的时间里，亚默尔靠卖水就赚了 6 000 美元。这在当时不算个小数目，亚默尔受到鼓舞，继续坚持卖水。后来，当许多人因找不到金矿而忍饥挨饿，流落他乡时，亚默尔已经成为一个小小的富翁了。

专家点评

亚默尔能从寻金者的抱怨中找到有价值的信息，结果他成功了。经营企业，关键在于掌握信息，而信息的价值在于新，在于快，在于独家所有，这就要靠企业家处处做有心人，从各种渠道去寻找，去挖掘，哪怕只是一次普通的私人谈话，也要细心留意。尤其对于创业企业，信息更加重要，要留意你身边的任何信息。市场调研只是一种手段，而不是全部，很多事情不单单是靠市场调研才能发现。

二、市场调研的过程

市场调研一般分为调研准备、正式调研和资料处理三个阶段。

（一）调研准备阶段

调研准备阶段又可分为确定调研目标、制订调研计划、培训调研人员等环节。

1. 确定问题和调研题目

明确要研究及解决的问题是调研活动的最重要环节，搞好市场调研，必须根据本企业要研究及解决的问题确定好调研题目。如果题目发生错误，整个调研将前功尽弃。因此，调研前要在综合分析的基础上确定好调研题目。

2. 制订调研计划

调研前必须制订好调研计划，调研计划的内容包括：

（1）明确调研目的和内容。

（2）确定调研对象，即向哪些单位或个人调研。

（3）选择调研和收集资料的方法，按不同的调研内容选择不同的调研方法。

（4）确定抽样方案和统计分析方法。大多数市场调研都要进行抽样调查。

（5）明确调研地点和日期安排，特别是完成时间。

（6）作出调研经费预算及规定作业进度安排。

3. 培训调研人员

调研人员的素质对调研质量关系重大。应从调查涉及的专业知识、调查的方法和技巧等方面对调研人员进行系统培训，并通过模拟调查选拔合格的调研人员，以保证调研质量。

（二）正式调研阶段

市场调研准备工作做好之后，就进入正式调研阶段。

1. 组织调研力量

可以由本调研单位自己组织人员调研，也可以委托专门的市场调研机构进行调研。

2. 设计调研问卷

调研问卷设计得好坏，直接影响调研效果。设计要简单明了，调研问卷的提问要避免抽象，尽可能具体，文字要简练，要通俗易懂等。

3. 实施调研

即收集原始资料。要把调研人员分好工，并掌握调研进度，保证调研质量。

4. 收集现成资料

市场调研需要的各种资料，可分为原始资料和现成资料两大类。原始资料是在调研工作中获得的第一手资料，是进行综合整理、分析研究的基础。现成资料是从他人或其他单位取得的、已经积累起来的第二手资料。现成资料节省时间和经费，应尽量采用。

（三）资料处理阶段

1. 资料编辑

编辑是指对收集到的资料进行检查，以确定它们的有效性，要对资料进行评定，即审核其根据是否充分，推理是否严谨，阐述是否全面，观点是否成熟，以保证资料的真实准确。错误资料必须剔除。

2. 分类编码

为了便于查找、归档、统计和分析，必须将经过编辑整理的资料进行分类编码。如果资料采用计算机处理，分类编码尤为重要。

3. 统计分析

将已经分类的资料进行统计计算，运用调研所得出的有用数据和资料，分析情况并得出结论。

4. 调研报告

编写调研报告应突出调研主题，调研内容要客观、扼要、有重点，报告结构要合理、严谨、给人以完整的印象。调研报告应该包含以下基本内容：

（1）调研的目的和范围。

（2）主要背景信息。

（3）调研方法的介绍及评价。

（4）调研的结果。

（5）调研结论和建议。

（6）必要的附件。

5. 评估调研成果

跟踪调研报告的使用情况，并对其有效性进行评估。

【延伸阅读】

数据分析软件

1. SPSS

统计产品与服务解决方案（Statistical Product and Service Solutions），是由美国 SPSS 软件公司研制的，SPSS 在我国较早使用并受到广泛的欢迎。SPSS统计分析软件的主要功能有：数据管理、统计图形和表格、基本统计、统计检验、相关及回归分析、方差分析、聚类分析、因子分析、主成分分析、判别分析、时间序列分析等。

2. SAS

统计分析系统（Statistical Analysis System），是美国北卡罗来纳州州立大学研制的软件产品。近年来发展很快，是唯一可以和SPSS争夺市场的综合统计分析软件。SAS统计分析软件的主要功能有：数据访问、数据储存与管理、统计图形和表格、基本统计、运筹学方法、计量经济学与预测等。

3. TSP

时间序列处理（Time Series Process），是美国QMS公司的软件产品。TSP软件包的主要功能是数据管理、相关和回归分析及统计图形。由于其精练实用，所以在我国获得较为广泛的应用。

三、市场调研的方法与问卷设计

（一）市场调研方法

随着市场的发展，调研的方法也越来越多，这里就列举最基本的几种方法。当然，在调研中，也可以同时采用几种方法，以达到更好的效果。

1. 面谈法

采用这种方法时，可以一个人面谈，也可以几个人座谈；可以一次面谈，也可以多次面谈。这种方法能直接与被调研者见面而听取意见并观察其反应。

2. 二手资料法

收集到的资料范围广，可以通过各种渠道收集到各种类型的资料，但是，难以考察资料的真实性及调查样本的代表性。

3. 入户访问

能直接与被访者接触，可以观察他（她）回答问题的态度，能得到较高的有效回答率，可由访问员控制跳答题或对开放式问题追问。该方法对访问员的要求较高，而且要有充足的时间和充裕的经费作为保障。

4. 拦截式访问

访问时间短，能够清晰地定义被访者的年龄、性别、职业等各方面特征，但是，被拒绝的概率较高。

5. 电话调查

内容和信息较少的调研可采用该方法，优点是费用较低，但是拒访情况较多。

6. 网络调查

内容和信息较少的调研可采用该方法，费用较低。回复率相对较高，尤其是一些公益性的调研在网上得到的回复率非常高。

7. 邮寄调查

可以对较敏感或隐私问题进行调查，被访者能避免与陌生人接触而引起情绪波动，被访者有充足的时间填答问卷。但是，问卷回收率较低，目前采用此法的调研较少。

8. 神秘顾客访问

可以对营销渠道的各个方面进行控制，但是，在调查的同时无法做记录，可能产生细节的遗漏。

9. 深度访谈

可以获得比较全面的资料，适合了解一些复杂的问题。访谈员的技巧和经验起到非常重要的作用。

10. 日记式/记账式调查

因为与被调查者建立长期关系，问卷回收率较高。能够比较翔实、细致地反映情况，但是调研对象范围有限。

(二) 市场调研问卷设计

调研问卷是调研常用的工具之一，是沟通调研人和调研对象之间信息交流的纽带。调研问卷的设计是否科学，直接关系到收集信息的质量。

1. 问卷的开头

主要包括问卷标题、问候语、填表说明和问卷编号。

标题一般应该简单明了，能概括说明调查研究主题；问候语通常以简明扼要的一段话语出现，其作用在于向被访者传达调研者身份、调研内容、调研意图等信息。

2. 问卷的正文

一般包括资料收集、被调查者的基本情况和编码三个部分。

(1) 收集资料部分是问卷的主体，也是使用问卷的目的所在。其内容主要包括调查所要了解的问题和备选答案。

(2) 被调查者的有关背景资料。被调查者往往对这部分问题比较敏感，但这些问题与研究目的密切相关，必不可少。如个人的年龄、性别、文化程度、职业、职务、收入等，家庭的类型、人口数、经济情况等，单位的性质、规模、所属行业、所在地等，具体内容要依据研究者先期的分析设计而定。

(3) 编码是通过给每个信息或观点一个数字代码，以便后期数据整理汇总。

3. 问卷的结尾

问卷的结尾可以设置开放题，征询被调查者的意见、感受，或是记录调查情况。也可以是感谢语以及其他补充说明。

4. 问句和答案设计的技术

(1) 用词要通俗。例：您是否认为使用电脑数字技术制作的广告更具有吸引力？改为：您是否认为有特效效果的广告更具有吸引力？

（2）避免否定形式的提问。例：您觉得这种产品的功能不实用吗？改为：您觉得这种产品的功能实用吗？

（3）一项问题只包含一项内容。例：您觉得这个包的实用性和美观性怎么样？改为：您觉得这个包的实用性怎么样？您觉得这个包的美观性怎么样？

（4）避免诱导性提问。例：您认为一个爱国的中国人应该购买进口汽车吗？

（5）避免推算和估计。例：您家每年平均每人的生活费用是多少？改为：您家每月的生活费是多少？您家有几口人？

（6）避免敏感和隐私问题。例：您考试作过弊吗？作过几次？

（7）答案要穷尽。例：您最喜欢的电视节目是：A. 新闻节目 B. 文艺晚会 C. 体育节目 D. 经济节目 E. 电视剧或电影 F. 其他。

（8）答案要互斥。例：您的职业是：A. 工人 B. 农民 C. 干部 D. 商业人员 E. 医生 F. 售货员 G. 教师 H. 司机 I. 其他。

【延伸阅读】

飞信客户端使用情况研究调研

——适配，但主要通过PC客户端使用用户

甄别问卷

您好！我是××公司的访问员________。目前正在进行一项通信业务的调查研究，我们了解到您是飞信客户端的用户，因此希望可以占用您几分钟时间，做一份小小的问卷。我们承诺，您的见解仅用于研究过程中的统计分析，对您的个人资料和相关信息绝对保

密。谢谢您的支持和配合！

S1. 请记录被访者性别

男	1	控制比例35%～65%
女	2	控制比例35%～65%

S2. 请问您使用的手机是否是________品牌的________型号？【对照数据表格读出】（单选）

是	1	→继续
原先是，最近才换成别的型号	2	
否	3	→追问品牌和型号并记录，访问结束

S3. 请问您或您的家人是否有人在以下单位工作？【逐项读出选项】（单选）

市场研究公司	1	→终止访问
统计局（咨询中心、调查队）	2	
广告公司/咨询公司	3	
电信运营商	4	
其他单位	5	→继续

S4. 请问在过去的半年里，您或您的家人是否接受过有关电信业务的调查？（单选）

是	1	→终止访问
否	2	→继续

S5. 请问您是否经常通过PC客户端软件使用飞信业务？【解释什么是客户端软件】（单选）

是	1	→继续
否	2	→终止访问

主体问卷

Q1. 您是通过何种渠道了解到飞信业务的？（单选）

1. 广告　　2. 朋友介绍　　3. 营业厅推荐

4. 短信介绍 5. 移动公司网站 6. 其他________【请说明】

Q2. 飞信给您带来的好处主要有哪些？（多选）

1. 节省通信费，可以通过电脑免费发短信

2. 可以实现更多功能，比如多方通话、发送图片等

3. 可以在很多终端上使用，既可以用手机，还可以用电脑使用

4. 可以通过电脑发短信给好友，更方便

5. 其他________________________________【请说明】

Q3. 您是否尝试过安装飞信手机客户端软件？（单选）

是	否
1	2 跳转到 Q7

Q4. 您是通过何种方式获取飞信手机客户端软件的？（单选）

1. 发送短信到 10086

2. 发送短信到 12520

3. 登录移动网站或飞信网站下载到电脑上，然后传到手机上

4. 登录移动网站或飞信网站，直接下载到手机上

5. 登录移动梦网下载

6. 由营业厅人员协助下载

7. 在手机存储卡里自带

8. 手机里预先装好的

9. 其他________【请说明】

Q5. 在刚才提到的多种下载方式中，您认为最方便的方式是哪种？____【访问员记录】

Q6. 您的飞信手机客户端安装过程顺利吗？（单选）

顺利	不顺利	记不清了
1	2	3

如果选择不顺利，请问是出了什么问题呢？________________

【访问员记录】

Q7. 我们了解到，您主要通过电脑使用飞信客户端，您为什么不选择通过手机使用飞信呢？（多选）

1. PC客户端节省费用

2. PC客户端使用更方便

3. PC客户端功能更多，效果好

4. 手机客户端下载安装有问题，难以安装

5. 手机客户端登录慢，容易掉线

6. 手机客户端操作不方便

7. 手机客户端使用费用高

8. 其他________【请说明】

Q8. 对于以下飞信手机客户端的改进，您认为哪些会比较有价值？（可多选）

1. 提升登录速度，降低掉线情况

2. 在飞信客户端里增加新闻栏目

3. 通过客户端浏览、撰写飞信博客【如有必要，解释什么是飞信博客】

4. 支持通过手机飞信发送邮件

5. 支持通过手机飞信发送文件

6. 在飞信里看到好友的好友

7. 在飞信里直接调用手机通讯录

8. 通过手机客户端和好友进行互动游戏

9. 发起多人会话

10. 其他____________________【请说明】

Q9. 您在手机上使用过哪些即时通信客户端？（可多选）

1. 手机QQ 2. 手机MSN 3. 没有使用过其他客户端 4. 其

他________【请说明】

Q10. 您在购买新手机时，是否会考虑该手机型号能否安装飞信软件？（单选）

会	不会	说不清楚
1	2	3

Q11. 对于以下市场推广措施，您认为哪些可以有效带动您周边的人使用飞信？（多选）

1. 开展校园推广活动（对学生）
2. 使用飞信客户端，返还话费
3. 推荐好友使用手机飞信，获赠话费
4. 开展评奖活动，比如精彩飞信大赛
5. 其他____________________【请说明】

Q12. 请您对飞信业务和飞信手机客户端软件提出改进建议【如有】：____【访问员记录】

第二节 市场细分、目标市场和市场定位策略

> 人们经常听到的反映是，“我没有足够的信息”。实际上，战略制定者永远不会有足够的信息，因为有些信息是得不到的，有些信息又是太昂贵的。
>
> ——威廉·格卢克（William Glueck）

市场由消费者组成，在消费者的需求日趋多样化、个性化、复

杂化的今天，不掌握消费者的具体需求，不明确目标市场，企业就不能卓有成效地开展市场营销活动并取得预期的效果。市场细分（Segmenting）、选择目标市场（Targeting）和市场定位（Positioning）可以被概括为STP营销，是企业市场营销活动的重要内容。由于消费者需求差异的客观存在，就需要研究某些特定市场的特性，根据消费者需求的差异性进行市场细分，选择适宜的特定的消费者群作为企业服务的目标市场，并制定周密的定位策略，满足目标市场的需求。

一、市场细分

（一）市场细分概念和标准

1. 市场细分概念

市场细分是指企业根据消费者之间需求的差异性和类似性，把一个整体市场划分为若干个不同的消费者群体（子市场），并从中选择一个或多个子市场作为企业的目标市场的活动过程。也就是企业根据自身条件和营销意图，通过市场调研，依据消费者的需求和欲望，充分考虑消费者在消费心理、购买习惯、收入水平、所处环境等方面的差异，把某一产品的市场整体划分为若干消费者群的市场分类过程。每一个消费者群就是一个细分市场，每一个细分市场都是具有类似需求倾向的消费者构成的群体。

目前的市场中，只有在少数商品的市场中，消费者对产品的需求大致相同，如消费者对食盐、大米等的需求差异极小，这类市场称为同质市场。在同质市场上，企业的营销策略比较相似，竞争焦点集中在价格上。大多数商品的市场属于异质市场，这是由消费者对商品的需求千差万别所决定的。企业营销活动应更重视异质市场的销售。

2. 市场细分标准

市场细分可分为消费者市场细分和生产者市场细分。

消费者市场细分的标准可以归纳为五个大类，其中有些因素是相对稳定的，而绝大多数的因素处于动态变化中。市场细分标准和内容见表2—1。

表2—1 市场细分的标准和内容

市场细分标准	具体细分因素
地理细分	国家、地区、城市、农村、气候、地形、交通、资源等
人口细分	年龄、性别、职业、收入、教育、家庭人口、家庭类型、家庭生命周期、国籍、民族、宗教、社会阶层等
心理细分	社会阶层、生活方式、个性、偏好、购买动机等
行为细分	时机、追求利益、使用者地位、产品使用率、忠诚程度等
收益细分	质量、价格、品位等

生产者市场细分同样可以运用消费品市场细分标准进行细分。所不同的是，进行工业品市场细分时，心理因素的影响要小一些。除此之外，还应考虑如下两方面因素：

第一，最终用户。生产者市场经常按最终使用者的需求进行细分。由于不同使用者的要求不同，因此要制定不同的营销策略。例如，晶体管市场可分为军事、工业、商业三个子市场。军用买主重视质量，价格不是主要因素，工业买主重视质量和服务，商业买主重视价格和交货期。所以，企业就应该根据上述用户需求特点，组织生产和营销。

第二，用户规模。用户规模决定了购买量的大小，这一因素往往也被某些企业作为市场细分的根据。因为大、中、小客户对企业的重要性不同，因此在市场营销上也不同。

（二）市场细分的原则和一般步骤

通过市场细分，创业企业可以有效地分析和了解各个消费群的需求满足程度和变化发展趋势，从而发现市场进入机会，抓住这样的市场机会，结合创业企业自身的资源和能力状况，从而形成并确立适合自身发展的细分目标市场，并以此为突破口设计出相应的营销战略和策略，就有可能迅速进入市场，获取一定的市场份额并树立自身的优势地位。从理论上讲，目标市场细分是无限的，但是，在对目标市场进行细分时，创业企业一定要注意市场细分的有效性。不能一味地细分下去，否则，不但不能成为创业企业进入市场的良机，反而可能让创业企业误入歧途。

1. 市场细分的原则

（1）可衡量性。市场细分要求各种变量是可以测量的，细分出来的各个子市场的规模大小和购买力水平也是大致可以确定的。

（2）可进入性。细分的市场应该是企业通过营销努力可以有效地进入并为之服务。

（3）可赢利性。企业所选定的细分市场的规模要使企业有利可图。

（4）差异性。各细分市场的消费者对同一市场营销组合因素和方案有差异性反应。或者说，不同的细分市场对营销组合方案的变化会有不同的反应。

（5）相对稳定性。市场营销理论强调动态的观点，但在具体的市场细分上，要考虑其相对稳定性。

2. 市场细分的一般步骤

市场细分一般按如下步骤实施：

（1）选定产品市场范围。企业应明确自己在某行业中的产品市场范围，依据产品和服务开发需要，确定整体市场的范围。整体市场具有相对性，应针对所进入的市场情况来确定整体市场的范围。

（2）确定市场细分标准。根据具体资料，选择一定的细分标准。

一般来说，消费者市场的细分标准常用的有区域、性别、年龄、职业、收入、使用情况、品牌偏好情况等。

（3）制作市场细分表。根据确定的市场细分标准来制作细分表，并填入有关数据和市场资料。市场细分表见表 2—2。

表 2—2 市场细分表

属性	细分市场			
家庭	单身汉家庭	退休者家庭	年轻家庭	中年家庭
价格				
面积				
地理位置				
购物便利性				
增值空间				
……				

（4）制定相应的营销策略。调查、分析、评估各细分市场，最终确定可进入的细分市场，并制定相应的营销策略。

案例 2—2 通过市场细分，抓住空白机会

日本电视机生产企业在 20 世纪 60 年代初，决定打开国际市场，准备向美国出口电视机。当时美国是电视机生产的世界头号强国，而且很多的美国消费者认为东洋货是劣质货。日本企业在进入市场之前做了详细的市场调研，并经过认真的市场细分和分析发现，美国市场上 12 英寸以下的小型电视机是一个产品市场空白点。当时美国电视机生产企业都觉得小型电视机利润少而不愿经营，并且错误地认为小型机消费时代已经结束。但事实上仍有不少消费者需要它，日本企业借机将小型机打入美国市场。正是由于日本企业从美国产品市场空白点入手，“钻”入美国，因此，未受到强大的美国企业的反击。待之羽翼丰满，再占领大型电视机市场时，美国电视机厂家再反击已为时过晚。

专家点评

从上面的例子可以看出市场细分所发挥的重要作用。日本电视机生产企业发现市场空白点，成功地把小型电视机打入美国市场，正是进行市场细分的结果。他们经过细分美国电视机市场，发现小型电视机市场存在着潜在需求，尚无相应的产品去满足，选准了适合自己进入的目标市场，避开了大型和一般电视机的激烈竞争，因此未受到美国企业的反击，减少了因竞争而带来的损失，从而顺利打开美国市场。如果想创业，首先要想好自己要干什么行业，这个行业还存在哪些市场？当然，也要注意到市场是在不断变化的，要不断地根据实际情况发现存在机会的细分市场。

二、目标市场

美国营销学大师杰罗姆·麦卡锡（Jerome Mccarthy）提出，应当把消费者看做一个特定的群体，即目标市场。通过市场细分，有利于明确目标市场，通过市场营销策略的应用，有利于满足目标市场的需要。因此，目标市场就是通过市场细分后，企业准备以相应的产品和服务满足其需要的一个或几个子市场。

（一）目标市场战略的选择

目标市场是企业打算进入的细分市场，或者打算满足的、具有某一需求的顾客群体。企业在选择目标市场时，有5种可供参考的目标市场选择战略，如图2—1所示。

1. 市场集中化战略

这是一种最简单的目标市场模式，即企业只选取一个细分市场，只生产一类产品，供应某一单一的顾客群，进行集中营销。

	M1	M2	M3
P1			
P2	■		
P3			
市场集中化			

	M1	M2	M3
P1			
P2	■	■	■
P3			
产品专业化			

	M1	M2	M3
P1	■		
P2	■		
P3	■		
市场专业化			

	M1	M2	M3
P1			■
P2		■	
P3	■		
选择专业化			

	M1	M2	M3
P1	■	■	■
P2	■	■	■
P3	■	■	■
完全市场覆盖			

图 2—1 目标市场选择战略

2. 产品专业化战略

这种战略是企业集中生产一种产品，并向各类顾客销售这种产品。产品专业化模式的优点是企业专注于某一种或一类产品的生产，有利于形成和发展生产和技术上的优势，在该领域树立形象。其局限性是当该领域被一种全新的技术与产品代替时，产品销售量有大幅度下降的风险。

3. 市场专业化战略

这种战略是企业专门经营满足某一顾客群体需要的各种产品。市场专业化经营的产品类型众多，能有效地分散经营风险。但由于集中于某一类顾客，当这类顾客的需求下降时，企业也会遇到收益下降的风险。

4. 选择专业化战略

这种战略是企业选取若干个具有良好的赢利潜力和结构吸引力，且符合企业的目标和资源的细分市场作为目标市场，其中每个细分市场与其他细分市场之间联系较少。其优点是可以有效地分散经营风险，即使某个细分市场赢利情况不佳，仍可在其他细分市场取得赢利。采用选择专业化模式的企业应具有较强资源和营销实力。

5. 覆盖全部市场战略

这种战略是企业生产多种产品去满足各种顾客群体的需要。一般来说，只有实力雄厚的大型企业选用这种模式。

（二）目标市场的选择策略

企业在市场细分的基础上，根据主客观条件选择好目标市场，目的在于不断拓展市场。要想顺利实现这一目的，一般采用三种不同的目标市场选择策略。

1. 无差异市场策略

这是把整个市场作为一个目标市场，着眼于消费需求的共同性，推出单一产品和用单一营销手段加以满足。这种策略的最大优点是成本低，从而可以取得成本和价格上的优势。但其缺点也是十分明显的，即生产单一产品的企业很难满足和适应消费者差别需求和需求变化，容易给竞争对手带来可乘之机。

2. 差异性市场策略

指的是企业决定同时为几个子市场服务，试图以差异性的产品满足差异性的需求，制定实施不同的市场营销组合策略，通过多标准化的产品线、多样化的销售渠道和多样化的促销方式进行销售。差异性市场策略的主要优点是可以满足各类消费者的不同需求，其主要缺点是会使企业的生产成本和营销费用增加。差异性市场策略是目前企业普遍采用的策略，不少企业实行多品种、多规格、多款式、多价格、多种分销渠道、多种广告形式等营销组合，满足不同细分市场的需求。创业企业，特别是那些实力相对弱小的企业，尤其要利用消费者个性化需求越来越强烈的有利条件，迅速抓住市场空白和竞争对手的相对弱项，以获得新的差异化目标市场消费群。

创业企业一旦识别和寻求到恰当的差异化机会，必将为未来经营与发展带来勃勃生机。

3. 集中性市场策略

指集中全部的力量，以一个或少数几个细分市场作为目标市场，实行高度专业化的生产和销售。集中性市场策略的优点是容易在某些特定的市场上取得有利的竞争地位，如果市场选择得当，企业可以在较小的市场上取得较大的、甚至是占有支配地位的市场份额，并使企业获得较高的投资回报收益率。但是，实行集中性市场策略往往具有较大的风险性，由于目标市场比较单一，范围比较狭窄，一旦市场发生变化，企业就有可能陷入困境。

创业企业在具体选择目标市场时，应考虑下面五个方面因素：

1. 企业自身能力

当企业生产能力、技术能力和销售能力很强时，就可采用无差异性策略和差异性策略。若实力不足，最好采用集中性市场策略。

2. 产品的特性

对于一些类似性很强的产品以及不同工厂或地区生产的在品种、质量方面相差较小的同类产品，宜采用无差异性市场策略。而另外一些产品，如照相机、服装等，消费者的需求差别很大，宜采用差异性市场策略或集中性市场策略。

3. 市场需求特性

如果不同市场消费者对同一产品的需求和爱好相近，宜采用无差异性市场策略。否则，宜采用差异性市场策略或集中性市场策略。

4. 产品生命周期

通常在产品处于投入期和成长期时，采用无差异性市场策略，以探测市场与潜在顾客的需求。当产品进入成熟期或衰退期时，则应采取差异性市场策略，以开拓新的市场，或采取集中性市场策略，以维持和延长产品生命周期。

5. 竞争者状况

企业采取哪种市场策略，往往视竞争者所采取的策略而定。若一个强有力的竞争者实施无差异性市场策略，那么，本企业宜采取差异性市场策略。

案例 2—3　　目标市场的正确选择

1993 年年初，几个准备干点事情的年轻人来到北京。一天，他们偶尔走过路边一间仅有 3 m^2 的小店，见到门口人头攒动，生意兴隆。一打听，才知道这家店从解放初期一直到今天，专卖小小的“女人头饰”，品种达 400 多种，不仅养活了家里几代人，而且收益相当可观，老板还准备拿出钱来再开几家连锁店。几个年轻人受到启发，结合当时随身听市场的不规范性，他们决定：公司专卖“随身听”。他们在市区租下一家十几平方米的门面房，专卖随身听。很快，小店铺成了“沃克曼发烧友”心中的圣地，几年间，小小的随身听一共卖掉了 90 多万台。他们给消费者“信誉卡”，凭卡延长保修期并终身享受免费修理。就这样，他们成功了，在小小的随身听上赢得了信誉，树立了形象，当然也赚到了相当可观的利润。

专家点评

这几个准备干事情的年轻人就是很好地运用了集中性市场策略，即在公司刚创办之时，由于财力、物力不足，只选择经营随身听一种产品，也正是这一种产品使他们闯开了市场，扩大了实力。他们的成功给我们的启示是：在起步阶段一定要有特色，要想让消费者一眼就能从万家商店中认出，就必须有区别于别家的不同之处。

三、市场定位

市场定位，是指企业根据选定的目标市场上的竞争者现有产品的定位、市场需求以及企业自身的条件，为本企业的产品塑造有别于竞争者产品的鲜明个性，从而使产品在目标市场上确定自己恰当的位置。市场定位是企业市场营销的重要内容。其目的是影响顾客心理，增强企业以及产品的竞争力，扩大产品销售量，提高企业的经济效益。它的实质是突出企业及其产品的特色，给消费者留下良好的印象，从而取得目标市场的竞争优势。

（一）市场定位策略

企业在市场定位过程中，要设计自己的产品和形象，从而在目标顾客心中确定与众不同的有价值的地位。定位不是对产品做什么，而是要针对顾客的心理采取行动，通过各种方式把企业差异体现出来。

企业的独特性可以体现在产品的质量、成本、特征、性能、款式上，即产品差异化；也可以体现在服务差异化上，如订货方便、送货、安装、客户培训、客户咨询、维修、特色服务等；还可以体现在形象差异化上，如利郎打造了“简约而不简单”的商务休闲男装的概念，而劲霸男装则以“奋斗成就男人”来体现激情奋进的品牌理念；在销售渠道上也可以体现差异化，如雅芳、安利等公司采取的就是直销策略。

从竞争角度而言，企业可以分为市场领先者、市场挑战者、市场跟随者和市场补缺者，在不同竞争状态下采取不同的定位策略。

就市场领先者而言，企业可以以攻为守，保护市场份额，扩大需求，也可以发展创新。市场挑战者可以通过产品革新、价格回扣、提高服务水平、改进销售渠道等策略来扩大市场占有率。市场跟随者一般通过紧随或有选择的追随策略维持现有市场份额。而在夹缝中求生存的市场补缺者可以开展“专门化”经营，针对特定顾客、专门生产预订产品或专门为一种销售渠道提供产品和服务。

1. 迎头定位策略

又称竞争性定位，指企业根据自身的实力，为占据较佳的市场位置，不惜与市场上占支配地位的、实力最强或较强的竞争者发生正面竞争，从而使自己的产品进入与对手相同的市场位置。这种定位方式要求企业必须具备与强大竞争对手不相上下的竞争实力。迎头定位可能引发激烈的市场竞争，有较大的风险。但另一方面，由于竞争者是最强大的，竞争过程往往产生轰动效应，消费者可以很快了解企业及其产品，企业易于树立市场形象。

2. 避强定位策略

指企业力图避免与实力最强或较强的其他企业直接发生竞争，将自己的产品定位于另一市场区域内，使自己的产品在某些特征或属性方面与最强或较强的对手有显著的差别。避强定位可以使企业迅速在市场上立住脚，并能在消费者心中树立一定形象，市场风险较小，成功率较高。但是，避强定位也往往意味着企业占据的并非是市场最佳位置。对于那些目前实力尚未达到对强者发起挑战的企业来说，这一定位策略常常被广为采用。

3. 创新定位策略

创新绝不是为了“标新立异”，可以是企业寻找新的尚未被占领但有潜在市场需求的位置，生产新产品填补市场上的空缺，也可以是企业在合理发展中的某种突破。企业要具有创新发现的慧眼，例如，羽绒服的基本功能是御寒保暖，然而谁的花色和设计更符合新的潮流和消费者的审美观，抑或某个层次人的审美观，谁的销售量和获得的回报就更多。

（二）市场定位的步骤

企业的市场定位工作一般包括三个步骤：

1. 调查研究影响市场定位的因素

（1）竞争者的定位状况。要了解竞争者正在提供何种产品，这些产品在顾客心目中的形象如何，并估测其产品成本和经营状况。在市场上，顾客最关心的是产品本身的属性（质量、性能、包装、外观等）和价格。因此，企业一方面要确认竞争者在目标市场上的定位；另一方面，要正确衡量竞争者的潜力，判断其有无潜在的竞争优势，据此进行市场定位。

（2）目标顾客对产品的评价标准。要了解购买者对其所要购买产品的最大偏好和愿望以及对产品优劣的评价标准。例如，对服装，目标顾客关心的是式样、颜色，还是质地、价格；对于饮料，是注重口味、价格，还是营养、功效。企业应努力搞清楚顾客最关心的问题，以此作为定位决策的依据。

（3）目标市场潜在的竞争优势。企业只有确认了目标市场的潜在竞争优势，才能准确地选择竞争优势。竞争优势有两种基本类型：一是在同样条件下比竞争者定价低；二是能提供更多的特色产品去满足顾客的特定需要，从而抵消价格高的不利影响。在第一种竞争优势下，企业应千方百计地寻求降低产品单位成本的途径；在第二种竞争优势下，企业应努力发展特色产品，提供有特色的服务项目。

2. 选择竞争优势和定位战略

企业要通过与竞争者在产品、促销、成本、服务等方面的对比分析，了解自己的长处和短处，从而确认自己的竞争优势，进行恰当的市场定位。

3. 准确地传播企业的定位观念

企业明确定位后就要传播定位思想，通过大力开展广告宣传，把企业的定位观念准确地传播给购买者。在广告宣传过程中，传播定位要突出自己的特色而不是全部信息。应避免给消费者造成三种误解：一是产品档次过低，没有自己的特色；二是产品档次过高，名不副实；三是混淆不清，在消费者心目中难以形成共识。上述三种误解都是定位宣传失误所致，会给企业形象和经营效果造成不利影响，应引起企业的注意。目前知名企业在这方面做得很好，如奔驰一直坚持传播“奔驰是身份象征”的观念，宝马传播“自信”观念，沃尔沃传播“安全”观念，各自的观念经过长期培育都已深入人心并为市场所接受，因此都成为汽车市场中的领导者。

案例 2—4　王老吉凉茶的成功市场定位

凉茶是广东、广西地区的一种由中草药熬制，具有清热祛湿等功效的茶饮品。王老吉凉茶始于清道光年间，至今已有 180 余年的历史，被公认为凉茶始祖，经王老吉药业特许，由香港王氏后人提供配方，加多宝港资公司在中国大陆地区独家生产、经营王老吉牌罐装凉茶（食字号）。2002 年以前，从表面看，红色罐装王老吉（以下简称红罐王老吉）在广东、浙南地区销量稳定，赢利状况良好，有比较固定的消费群，销售业绩连续几年维持在 1 亿多元。不久管理层发现，要把企业做大，要走向全国，就必须克服一连串的问题，甚至原本的一些优势也成为困扰企业继续成长的障碍，其中最核心的问题是企业不得不面临一个现实难题——红罐王老吉当“凉茶”卖，还是当“饮料”卖？红罐王老吉虽然销售了 7 年，却从未经过系统、严谨的定位，企业都无法回答红罐王老吉究竟是什么，消费者就更不用说了，完全不清楚为什么要买。

为了了解消费者的认知，研究人员一方面研究红罐王老吉、竞争者传播的信息；另一方面，与公司内部、经销商、零售商进行大量访谈，聘请市场调查公司对王老吉现有用户进行调查。研究人员进行综合分析，理清红罐王老吉在消费者心中的位置，即在哪个细分市场中参与竞争。研究发现，广东的消费者饮用红罐王老吉主要在烧烤、登山等场合。其原因不外乎“吃烧烤容易上火，喝一罐先预防一下”，而在浙南地区消费者对于“上火”的担忧比广东有过之而无不及。消费者的这些认知和购买消费行为均表明，消费者对红罐王老吉并无“治疗”要求，而是作为一种功能饮料购买。

由于“预防上火”是消费者购买红罐王老吉的真实动机，首先明确红罐王老吉是在“饮料”行业中竞争，竞争对手应是其他饮料；其品牌定位——“预防上火的饮料”，独特的价值在于喝红罐王老吉能预防上火，让消费者无忧地尽情享受生活：吃煎炸、香辣美食，烧烤，通宵达旦看足球……为更好地唤起消费者的需求，王老吉拍摄了系列电视广告，画面中人们在开心享受上述活动的同时，纷纷畅饮红罐王老吉。结合时尚、动感十足的广告歌曲反复吟唱“不用害怕什么，尽情享受生活，怕上火，喝王老吉！”

专家点评

在王老吉前几年的推广中，消费者不知道为什么要买它，企业也不知道怎么去卖它，外在的原因是中国市场还不成熟，存在着许多市场空白。而内在的原因则是王老吉的市场定位模糊。但在发展到一定规模之后，企业要想做大，就必须搞清楚一个问题：消费者为什么买我的产品？明确了品牌和目标市场定位，就明确了营销推广的方向，也确立了广告的标准，所有的传播活动就都有了评估的标准，所有的营销努力都将遵循这一标准，从而确保每一次的推广，在促进销售的同时，都是对品牌定位进行积累。

本章小结

前期市场分析知识准备	
市场调研的内容和方法	•
市场细分	•
市场定位	•

课后思考题

（1）结合身边产品介绍其市场调研程序。

（2）为什么说生活方式与观念是细分市场的重要变量？举例说明可用生活方式细分的市场。

（3）对市场进行细分是消费者不同需要与欲望所导致的，还是细分了的市场导致了消费者的不同需要与欲望？阐述自己的看法。

第三章

市场营销策略的选择

学习目标：

通过本章的学习，你将能够了解：

创业企业市场营销的产品策略

创业企业市场营销的价格策略

创业企业市场营销的渠道策略

创业企业市场营销的促销策略

创业企业市场营销的新途径、新方法

第一节 精雕细琢推产品

营销并不是一味地推销已有产品，而是要为客户创造价值。

——菲利普·科特勒（Philip Kotler）

一、产品概念及产品组合

（一）产品概念

现代市场营销学对产品的定义是：能提供给市场，供使用和消费的、可满足某种欲望和需要的任何东西。产品包括实物、场所、劳务、体验、信息、组织和思想等所有有形和无形的形式。从制造产品到“制造顾客”，这是一个历史性的进步。但不要忽视和忘记了一个最基本的常识——生产者与消费者的沟通，是以产品为媒介的，产品能否充当好这个媒介，关键在于能否通过产品作为文化的载体和沟通的桥梁来增进双方的情感交流和心灵契合。

【延伸阅读】

产品有五个层次，每个层次都为顾客增加更多的价值，它们构成顾客价值层级，如图 3—1 所示。只有充分认识产品结构，才能给顾客带来满意，给营销者带来利润。

下面以旅馆服务为例进行介绍：

(1) 核心产品。产品最基本的层次是核心产品，指顾客真正购买的基本服务或利益。如在旅馆，夜宿旅客真正要购买的是“休息与睡眠”。

(2) 基本产品。营销者将核心产品转化为产品的基本形式。如一个旅馆的房间应包括床、浴室、毛巾、桌子、衣橱等基本设施。

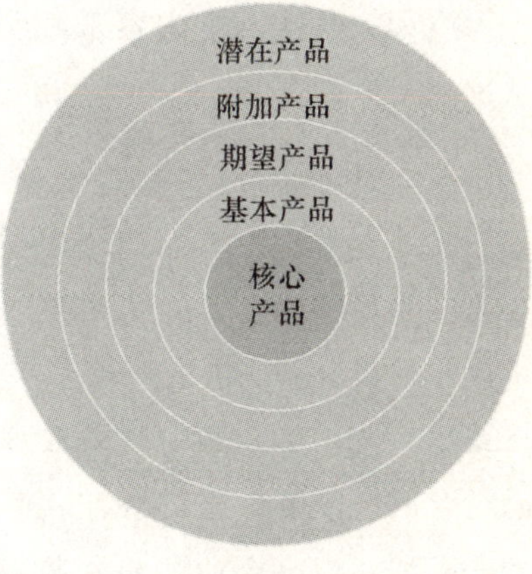

图 3—1 产品的五个层次

(3) 期望产品。购买者购买产品时通常希望和默认的一组属性和条件。如旅客期望干净的床、新的毛巾、工作台灯和相对安静的环境。

(4) 附加产品。营销者为顾客增加的服务和利益。如旅馆增加的产品服务，包括电视机、鲜花、迅速入住、美味晚餐和良好的房间服务等。

(5) 潜在产品。即产品最终可能会实现的全部附加部分和将来会转换的部分。如旅馆客人在录像机内发现了经挑选的录像带，旅馆记住了客人的偏好并据此来准备布置房间等。

(二) 产品组合

产品组合指一个企业提供给市场的全部产品线和产品项目组合，其中每一条产品线都是由若干个产品项目组成的。一个企业产品组合的方式有三种：混合的产品组合方式、单一产品线的产品组合方式和单一产品项目的产品组合方式。通常可用产品组合的广度、长度、深度和关联性四个内容来说明一个企业的产品。产品组合决策也从这四个方面展开。

1. 产品组合的广度决策

对企业经营多少条产品线做出决策。增加产品组合的广度，扩大企业的经营范围，有利于企业更好地满足消费者的需要，扩大企业销售额，也有利于减少因经营单一种类的产品而带来的经营风险。但这要求企业增加投资，导致企业领导精力分散、成本增加。缩减产品组合的广度能带来的利益就是使企业集中资源去经营那些赢利高的产品线，提高企业的投资收益率。但由于经营范围缩小，一旦消费者对单一品种的产品兴趣转移或产生信任危机，则会使企业陷入经营的困境。

2. 产品组合的长度决策

对企业所经营的产品项目的数量做出决策。企业增加产品组合的长度，充实各产品线的产品项目，能更好地满足不同消费者对同一类产品的不同需要，但这会增加营销成本。

3. 产品组合的深度决策

对产品线中各种产品所包含的花色、款式、品种、规格的数量做出决策。企业增加产品组合的深度，可增加消费者对产品的挑选余地，有利于满足消费者的不同需求，但同时也会受到企业资源的制约。

4. 产品组合的关联性决策

对企业经营的各条产品线的相关性做出决策。增加产品组合的关联性，有利于企业以名优产品带动其他产品的销售，有利于增强企业的竞争实力，提高企业的声誉和知名度。但若消费者对企业产品不满意，则可能带来连锁的“负效应”，应慎重决策。

基于以上分析，在进行产品组合时，要综合考虑企业资源、市场需求和行业竞争状况。一般来说，拓宽产品线的宽度、加深产品线深度、减少产品线的关联度，可减少企业的经营风险。如图 3—2 所示的是宝洁公司的 5 条产品线，事实上，宝洁公司还有许多另外的产品线，比如保健用品、个人卫生用品等，每条产品线上基本上拥有两个以上的品牌，品牌之间存在价格差异，满足不同消费层需求。宝洁公司产品围绕“卫生清洁”这一核心需求，迎合不同细分需求，创造集中形象优势和连带叠加效应，但也存在一定风险，一个品牌的失败，会影响整个公司的形象并波及其他产品。如 SK-Ⅱ 产品被指含有铬、钕两种重金属后，宝洁公司最初要求消费者提供医院证明才能进行退货办理，试图反证其产品的安全性，这一行为反而成为事件影响扩散的“导火索”，影响到其他产品的形象和销售。

	产品组合的宽度				
	洗涤剂	牙膏	纸尿裤	润肤露	洗发液
产品线的深度	汰渍 碧浪 兰诺	欧乐-B 佳洁士	帮宝适	玉兰油 SK-Ⅱ 伊奈美	飘柔 潘婷 海飞丝 沙宣

图 3—2　宝洁公司产品组合

二、产品品牌、商标及包装

（一）产品品牌

1. 品牌的概念

品牌是一种名称、术语、标记、符号或设计，或是它们的组合运用，用来识别一个企业的产品或服务，使之与其他竞争者区别开来，通常由文字、标记、符号、图案和颜色等要素或相关组合构成。品牌包括品牌名称和品牌标志两部分：品牌名称指品牌中可以用语言称谓的部分，如可口可乐、索尼等；品牌标志是品牌中可以被认出、易于记忆但不能用语言表达的部分，如图案、符号、特殊颜色等。

就其实质而言，品牌代表着企业对交付给顾客的产品特征、利益和服务的一贯性的承诺。久负盛名的品牌就是优良质量的保证，也蕴涵着丰富的市场信息。

2. 品牌的作用

品牌对企业的重要作用：有助于促进产品销售，树立企业形象，扩大产品组合；有利于保护品牌所有者的合法权益；有助于约束企业的不良行为。

品牌给消费者带来的益处：易于辨认、识别所需商品，有助于消费者选购；有利于维护消费者利益；促进产品改良，有益于消费者使用。

3. 品牌策略

根据品牌运营的主要环节，品牌策略主要有品牌建立、品牌归属、品牌统分、品牌延伸和品牌重新定位策略。

（1）品牌建立。有关品牌的第一个决策就是决定是否给产品加上一个品牌。一般来说，使用品牌可以树品牌形象、利于市场定位；

建立稳定的顾客群，提升品牌忠诚度；促进全社会产品质量普遍提高。但同时也使消费者支付较高的价格。

（2）品牌归属。要求企业考虑是使用制造商品牌、中间商品牌、制造商品牌与中间商品牌混合使用还是使用特许品牌。

（3）品牌统分。包括个别品牌、统一品牌、分类品牌、企业名称加个别品牌。

个别品牌指企业不同的产品分别使用不同的品牌，有利于企业扩充高、中、低档各类产品，适应市场不同需求。统一品牌也称为整体的家族品牌，指企业所有产品统一使用一个品牌，可以节省品牌设计和广告费用，有利于为新产品打开销路。分类品牌指各产品线或者同类型不同质量产品分别使用不同品牌，以便于识别。企业名称加个别品牌指在产品的品牌名称前冠以企业名称，使产品正统化，既享有企业已有的信誉，又可以使产品各具特色。

（4）品牌延伸。企业利用其成功品牌的声誉来推出改良产品或新产品的策略。

（5）品牌重新定位。随着时间的推移，品牌在市场上的位置会有所改变，如果出现一些情况，就有必要对品牌进行重新定位，如竞争者的品牌定位接近本企业的品牌，夺走了一部分市场，使本企业品牌的市场占有率下降；消费者的偏好发生变化，具有某种新偏好的顾客群已经形成，企业面临有巨大吸引力的良好经营机会。

（二）产品商标

商标属于法律范畴，它是已获得专用权并受法律保护的品牌，具有商标价值。在我国，商标有“注册商标”与“非注册商标”之分。注册商标是指受法律保护、所有者享有专用权的商标。驰名商标是国际上通用的为相关公众所熟知的享有较高声誉的商标。

（三）产品包装

包装是指为了保证商品质量和数量，便于运输、装卸、储运和销售，采用适当的材料制成与商品相适应的容器，并加以标志和装潢的活动和措施，可以分为运输包装和销售包装两种形式。包装是生产的一种延续，其主要功能是美化保护商品，方便储运，促进销售和赢利。包装在设计上要遵循美观大方、与商品价值和质量相匹配、安全环保、尊重消费者信仰和习俗等原则。

案例 3—1　水井坊酒着力打造中国高档白酒品牌

水井坊酒陈香飘逸、甘润幽香的品质，为白酒专家们推崇备至，受到众多深谙品酒之道的人士的青睐。1998 年 8 月，全兴集团对成都市水井坊街的曲酒生产车间改造时发现，水井坊是世界最古老的酿酒坊，世代传承着酿酒的技艺和文化，于是水井坊一问世便定位为“中国白酒第一坊”，其价格高于茅台、五粮液等高档品牌。水井坊率先从博大精深的酒文化中提炼出酒道，在高档酒楼等场合请品酒专家演绎示范，并史无前例地设计出一套古色古香的水井坊专用酒具，将品酒升华为一门艺术。难怪众多社会名流在饮过水井坊酒之后感慨：“品水井坊，是眼福，是口福，更是心福。”

还有很多人对水井坊酒“一见钟情”，是由于它雅致的、创新的包装，在传承了中国传统文化精华的同时，又巧妙地融入了时尚先进的设计理念，带给消费者愉悦感。水井坊酒的包装在素有广告界“奥斯卡”之称的国际莫比设计大赛中，从世界 3 000 多件优秀作品里脱颖而出，一举夺得金奖和最高成就奖，这是中国企业第一次享有此项荣誉。

专家点评

饮用高档白酒，消费者一方面是满足物质层面的需要，更多的是满足精神层面的需要，所以酒的价格一部分取决于其品质的绝对值，一部分取决于其品牌附加值。水井坊之所以能在众多高档白酒中独树一帜，不仅仅因为它卓越的质量，更主要是其所蕴涵的典雅文化与高雅品位，以及借助此品牌为消费者提供的各项高附加值的服务。

三、产品生命周期管理

产品生命周期指产品进入市场开始，到被市场淘汰要经过引入期、成长期、成熟期和衰退期的全过程，产品生命周期的各个阶段与产品销量和利润的关系变化如图 3—3 所示。

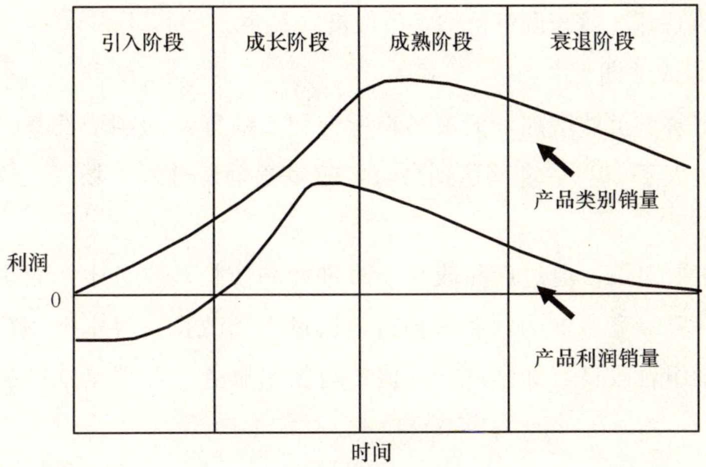

图 3—3　产品生命周期

1. 引入期

产品投入市场，处于试销阶段，销售额的年增长率一般低于10%。这时产品设计尚未定型，工艺不够稳定，生产批量小，成本高，消费者对产品不太了解，同行竞争者少，一般没有利润，甚至发生亏损。

主要对策：采取措施尽量缩短其时间长度，以减少经济损失；

进一步加强产品设计和工艺工作；加强市场调查与预测，宣传与促销，增加销售额。

2. 成长期

产品销售量迅速增加，销售额的年增长率一般在10%以上，产品设计基本定型，技术工艺和关键设备均比较成熟，生产批量增大，成本降低，利润上升，市场出现竞争者。

主要对策：加强综合计划，改进生产管理，适时进行技术改造；根据顾客需求，提高产品质量和生产能力，增加特色；树立强有力的品牌形象，加强广告、促销与售后服务，努力开拓市场；在大量生产的基础上适当调整价格，争取潜在买主。

3. 成熟期

销售量虽然增加，但市场趋近饱和，销售量的年增长率一般为10%或大于10%，利润达到高峰，较多竞争者进入市场，竞争非常激烈。

主要对策：通过产品改良，改进产品质量，改进生产管理，努力提高产品竞争能力，扩大销售；通过市场改良，寻求新用户；通过营销组合改良，加强广告、促销与技术服务，合理调整产品价格等。

4. 衰退期

消费者开始期待新产品进入市场，取代老产品；竞争者逐渐退出市场，销售量出现负增长，销售额的年增长率小于10%，利润日益下降。

主要对策：把企业人力物力集中到最有利的细分市场和销售渠道，缩短经营战线，采取优惠价格、分期付款等方式促进销售；在保证经济性的前提下，设法延长产品生命周期，如扩大产品用途，改善产品质量，降低产品价格，改善技术服务等。适时淘汰老产品，实现产品的更新换代。

产品生命周期管理可以用来分析某一大类产品如电视、电话，也可用来分析某一具体品牌，如康佳彩电、诺基亚手机。影响产品生命周期的重要因素除了产品本身的性质，还要考虑经济发展、科技发展、人们生活水平提高和竞争激烈的国际市场等。

四、新产品开发策略

由于消费者品位、技术和竞争的快速变化，企业必须持续开发新产品和服务，这在企业经营战略中占有重要地位。新产品是指产品的结构、物理性能、化学成分和功能用途等与老产品有着本质的不同或显著的差异，可分为全新产品、换代新产品、改进型新产品、新品牌等。

新产品开发要以满足市场需求为前提，以企业获利为目标，根据市场需要，开发适销对路的产品，根据企业的资源、技术等能力确定开发方向，量力而行。新产品开发的策略很多，要根据企业的实际情况，市场和竞争对手的情况，每种策略的实用性、可操作性等进行认真慎重的选择。企业开发新产品主要有以下几种策略：

1. 创造需求，适时开发新产品

探求消费者潜在的需求，创造新产品，引导消费。企业一旦发现市场机遇，立即抓住时机，快速开发新产品，推向市场，满足消费者的需要。

2. 补缺、滞后开发新产品

在新产品开发中常有一些被大中型企业疏漏的“死角”。新产品问世后，大企业往往会放弃赢利少、相对落后的产品，形成市场空白。小企业看准市场后，进行新产品的滞后开发，可降低促销费用，减少市场风险，获得一定的收益。

3. 求异开发新产品

消费者的需求日趋个性化，有人会产生求异心理，即使价格较高也要购买，以满足个人心理需要。有些产品在某地销售效果不理想，并不意味着在其他地方滞销。只要正确转移市场位置，产品就有可能畅销。

4. 求情开发新产品

及时借用流行的事物使产品与人们的时尚追求吻合，这也是一种开发新产品的策略。消费者偏好不尽相同，但具有人情味、人性化、富有情趣的产品越来越受到青年消费者的喜爱，如模仿电影、戏剧、体育等明星的生活特征，开发新产品。

【延伸阅读】

在新产品引入期，由于消费者不了解产品，没有改变以往的消费习惯，分销渠道不健全等，导致销售增长缓慢，根据促销费用和价格水平有四种策略可供企业选择（见图 3—4）。

		促销费用：高	促销费用：低
价格	高	快速掠取战略	缓慢掠取战略
	低	快速渗透战略	缓慢渗透战略

图 3—4　新产品引入期市场策略

(1) 快速掠取策略指企业以高价格和高促销推出新产品，迅速扩大销售量，实现市场渗透和扩张，迅速收回产品成本的营销策略，主要应用于高技术性产品和时尚产品。

（2）快速渗透战略是指以低价格和高促销推出新产品，购买者对于产品价格比较敏感，企业可以先发制人，实现最快的市场渗透率和最高的市场占有率。

（3）缓慢掠取战略是指以高价格和低促销的方式推出新产品，企业获取高额利润降低促销费用，主要应用于高档消费品和技术垄断性产品。

（4）缓慢渗透战略又称低费用低价格策略，可以应用于部分低价日用消费品。

第二节 精打细算定价格

货品的真正价格在于人们想要获得它而付出的辛劳与麻烦。

——亚当·斯密（Adam Smith）

一、定价的基本程序

企业定价的目标是促进销售，获取利润。这要求企业既要考虑成本的补偿，又要考虑消费者对价格的接受能力，因此，定价策略具有买卖双方双向决策的特征。通常情况下，定价方针直接出自整体营销战略，它和营销组合的其他要素应当保持一致并产生协同作用。此外，明智的定价决策要求多方人员的共同参与，若缺乏适当的机制将各方统一成一个整体，定价工作的总体表现可能就不会令人满意。产品定价的程序如下：

1. 确定定价目标

定价目标主要有四种：维持企业生存、当期利润最大化、市场占有率最大化、产品质量最优化。当然，定价目标可以是一个，也可以是主要目标加附属目标。

2. 测定市场需求

测量市场对产品的需求总量，需求量越大，各种费用和摊销份额就越小，价格也就更加灵活。

3. 测算产品成本

产品成本是企业定价的最低底线，在测算成本时，产量不同，总成本就不同，所以可以用平均成本确定最优规模产量。

4. 分析竞争对手的价格、成本和产品

设计不当的定价行为很容易导致价格战。因此，定价决策的思路应当拓宽，要考虑竞争对手的产品和定价。

5. 选择定价方法

为了达到企业的经营目标，定价时要采取合理的定价方法和策略。

6. 综合考虑影响企业定价的各项政策

企业要考虑产品所处的生命周期、品牌效应、渠道中间环节有多少、哪些促销可以实现销售、费用等。

7. 最终确定价格

综合考虑各方面的因素，最终确定合理的价格。

【延伸阅读】

影响企业定价的内外部因素如图 3—5 所示。

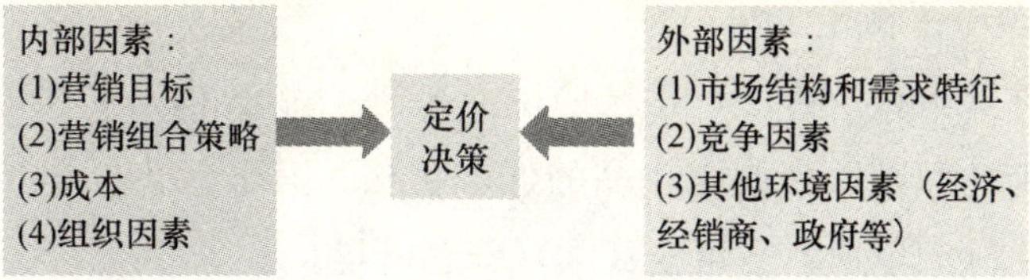

图 3—5 影响企业定价的内外部因素

二、几种常见的定价方法

（一）成本导向定价法

成本是企业生产经营过程中所发生的实际耗费，要求通过商品的销售而得到补偿，并且要获得大于其支出的收入，超出的部分表现为企业利润。以产品单位成本为基本依据，再加上预期利润来确定价格的方法称为成本导向定价法，是中外企业最常用、最基本的定价方法。成本导向定价法又衍生出了成本加成定价法、可变成本定价法、盈亏平衡定价法、目标利润定价法等几种具体的定价方法。

1. 成本加成定价法

按照经济学的基本原理，将企业的生产成本（C）加上企业的成本利润率（$i\%$），作为基准价格（P）。其公式为：$P=C(1+i\%)$。

采用成本加成定价法时，确定成本利润率必须考虑市场环境、行业特点等多种因素。某一行业的某一产品在特定市场以相同的价格出售时，成本低的企业能够获得较高的利润率，在进行价格竞争时可拥有更大的回旋空间。

2. 可变成本定价法

又称边际贡献定价法，是指企业在定价时只考虑变动成本，不考虑固定成本的定价方法。这种定价方法一般只限于追加订货或市场竞争异常激烈，价格成为竞争主要手段时适用。其公式为：单位产品销售价格＝（总的可变成本＋边际贡献）÷总产量。

3. 盈亏平衡定价法

又称保本点定价法，是按照生产某种产品的总成本和销售收入维持平衡的原则，来制定产品的保本价格。其公式为：单位产品销售价格＝（固定成本＋可变成本）÷总产量。

4. 目标利润定价法

又称投资收益率定价法，是根据企业的总成本和计划的销售量（或总产量）及按投资收益率确定的目标利润而制定的产品销售价格。其公式为：单位产品销售价格＝（总成本＋目标利润总额）÷总产量。

(二) 需求导向定价法

需求导向定价法是根据消费者对商品价值的认识和需求来确定价格。先拟订一个消费者可以接受的价格，然后根据所了解的中间商成本加成情况，逆推计算出厂价。

1. 理解价值定价法

这是利用产品在消费者心目中的价值，也就是消费者心中对价值的理解程度来确定产品价格水平的一种方法。消费者对商品价值的认知和理解程度不同，会形成不同的定价上限，如果价格刚好定在这个限度内，那么消费者既能顺利购买，企业也将更加有利可图。

企业采用理解价值定价法的关键在于如何正确估定产品的市场可销价格（批发价或零售价）。这要求企业从以下方面考虑：(1) 产品的市场供给状况；(2) 产品的需求函数、需求价格弹性状况；(3) 消费者愿意接受的价格水平；(4) 所经营的产品与其他同类产品的比价关系。

2. 需求差异定价法

需求差异定价法是指以不同时间、地点、商品及不同消费者的消费需求强度差异为定价的基本依据，针对每种差异决定其在基础价格上是加价还是减价。

需求差异定价法有以下几种形式：因职业、阶层、年龄等原因，区分不同的顾客，制定不同的价格，企业在定价时给予相应的优惠等；区分不同的产品式样制定不同价格，如服装定价时流行式样价格高于一般式样；区分不同的地点制定不同价格，如豪华商场内的店铺、餐厅向顾客提供的商品价格普遍要远高于市郊的商店和餐厅；区分不同的时间制定不同价格，如旅游胜地旅馆的住宿费、餐饮费旺季高于淡季等。

（三）竞争导向定价法

竞争导向定价法是根据主要竞争对手的商品价格来确定自己商品价格的定价方法。企业随竞争状况的变化确定和调整价格水平，主要有通行价格定价、竞争价格定价、密封投标定价等方法：

1. 通行价格定价法

这是指本企业产品的价格与同行业竞争者产品的平均价格保持一致，一般适用于试图与竞争者和平相处，避免激烈竞争产生风险的企业。平均价格水平在人们观念中常被认为是“合理价格”，在很多生活必需品如大米、面粉、食油以及某些日常用品的价格确定上使用较多。

2. 竞争价格定价法

与通行价格定价法相反，根据产品的性能、质量、成本、式样、产量等与竞争者进行比较，依据综合指标确定企业产品的特色、优势及市场定位，按定价所要达到的目标，确定商品价格。一般用于实力雄厚或产品特色突出的企业。

3. 密封投标定价法

主要用于投标交易方式，如工程建设项目或某些商品的采购。有关部门将工程项目或所需产品的具体要求公告招标，投标价格是企业根据对竞争者的报价估计确定的。一般情况下，报价高、利润大，但中标机会小，如果因价高而招致败标，则利润为零；反之，报价低，虽中标机会大，但利润低。因此，报价时，既要考虑实现企业目标利润，也要结合竞争状况考虑中标概率。最佳报价应是使预期利润达到最高水平的价格。

三、价格制定技巧及策略

对于创业企业而言，在实施价格策略时，一定要了解价格变动的规律，针对不同的市场、不同的商品、不同的消费者，采取不同的价格策略，才有可能在竞争中取得胜利。对于新产品的定价有如下策略可以参考：

（一）新产品的撇脂定价策略

撇脂原意是在鲜奶中撇取奶油，提取精华。撇脂定价是指在新产品刚刚投入市场时制定较高的价格，这种价格的先期利润很高，目的在于竞争的初期就能迅速获得高额利润，并给消费者以优质优价的印象。在营销界利用此法取得成功的例子很多，例如电子通信行业，苹果公司新款的手机、笔记本电脑上市时一般以其产品差异性、独特性制定较高的价格，这些新产品的出现尚未在消费者心中产生价格预期和比较，所以销量很好。

（二）渗透定价策略

渗透定价策略也是营销定价策略中常用的一种手段。企业在新产品上市时，制定较低的价格，使新产品上市之初就能够稳定地占有较大的市场份额。采用这种定价策略首先要求有足够多的消费者，只有大规模的市场，才能达到薄利多销的目标，使低价策略能够维持；其次，要求商品的价格弹性要大。

（三）优惠价格定价法

优惠价是一种以减价、折扣等方式，来争取顾客的策略，根据购买的金额或数量、对于经常购买某种商品的顾客给予一定幅度的折扣优惠；对于在商品试销期带头购买的顾客给予优惠；对于淡季销售商品给予优惠等。消费者确实从中得到了利益，从而有效地刺激和鼓励消费者大量购买乃至连续购买。西方市场为了打开销路经常举行大拍卖，采用“优惠折扣价格”颇获成功。这种销售方法妙在抓住了消费者的求实求廉心理，赢得顾客，提高了市场占有率。

（四）巧妙的心理定价策略

这种定价方法是根据消费者的消费心理来定价，包括尾数定价、声望定价和习惯定价等。采用尾数定价法如98元，而非100元，可以使消费者产生便宜的心理错觉，例如，98元一双的鞋要比100元一双的鞋好销；其次，可使消费者相信企业在科学、认真地定价，制定的价格是合理、精确的。另外，在我国大多数地区，人们喜欢“8”“6”等数字，带有吉祥的寓意，消费者在心理上得到一定满足。而西方国家习惯于以奇数为零头制定价格。

有效的定价过程不可能在一夜之间确立或付诸实施。它不是在战略或者组织安排上进行一两项彻底的改变就能完成的，而是要把许多小事做好。同时，在定价过程中要高瞻远瞩，以确保每项改进都能保持长效。

案例3—2　奔驰汽车的最终定价策略

奔驰汽车被认为是世界上最成功的高档汽车品牌之一，其完美的技术水平、过硬的质量标准、推陈出新的创新能力，以及一系列经典轿跑车款式令人称道，当然其价格也令人咋舌。奔驰汽车制造厂一位经理在接受采访时指出，在市场竞争中，奔驰车以“最终价格”做后盾，所谓最终价格是相对新车售价而言的。奔驰汽车价格高是指顾客在最初购买汽车时付出了比其他品牌的汽车更高的价钱，但最初价格并不应该是用户购买汽车的唯一标准。该经理给客户们算了一笔账：一般汽车的使用寿命为10万km，而奔驰车跑满30万km后，内部零件还是基本完好的。这时，如果车主想转手卖掉旧车，依然可以收回原价的60%。这样算下来，奔驰汽车在整个使用寿命期间的价格反而低于其他品牌的汽车。当然，奔驰汽车凭借这最终的价格王牌与其他品牌的汽车竞争时，不但要以优质的产品质量作后盾，还要通过广告宣传等手段，将这一王牌竞争优势清楚地传达给消费者。（摘自《营销谋略与经典案例》）

专家点评

企业在推出优质高价产品时，不要枯燥地反复强调“我们采用了最新技术、优质材料……”，这些不会触动消费者敏感的神经，毕竟为商品埋单的是消费者，他们关心的是花钱所购买获得的最终利益，是否真正物有所值。这时不妨就商品的今后使用细节给消费者算一笔数字账目。奔驰汽车的最终价格策略就是通过此举明明白白地告诉顾客：“我们的价格并不高，虽然购买时多花了点钱，但均摊到整个产品使用周期和最终现金回收来看，相较于一般产品，这笔账是划算的！”

第三节 运筹帷幄辟渠道

风雨同舟、荣辱与共、共同进步、共同发展。

——联想集团

一、渠道概念与影响因素

（一）渠道概念

菲利普·科特勒认为：一条分销渠道是指某种货物或劳务从生产者向消费者移动时取得这种货物或劳务的所有权或帮助转移其所有权的所有企业和个人。其中涉及一系列相互依存的组织：经销商、代理商、辅助机构。渠道决策是公司高层管理面临的最重要的决策之一，也是对其他公司的长期承诺。公司在进行渠道决策时，既要着眼于现实市场环境，又要考虑未来市场环境。

（二）渠道影响因素

影响渠道选择的因素及原因见表 3—1。

表 3—1　　影响渠道选择的因素及原因

因素	选择直接渠道的原因	选择间接渠道的原因
市场因素	购买批量大而集中 需求特殊 订货次数少	购买数量少而分散 无特殊需求 频繁订货

续表

因素	选择直接渠道的原因	选择间接渠道的原因
产品特点	特殊商品 单位价值高 技术复杂 附加服务多 笨重或易腐 时新商品	便利商品 单位价值低 技术简单 附加服务少 轻便或耐久 大宗常用
企业状况	具有营销技能和经验 需要高度控制渠道 规模大、财务雄厚	缺乏营销技能 对渠道控制要求不高 规模小、资金短缺

二、渠道结构与策略选择

（一）渠道结构

渠道结构可以笼统地分为直销和分销两个大类。其中直销又可以细分为制造商直接设立大客户部、行业客户部、直接邮购、电话销售、网上销售等。

营销渠道的长度结构，又称层级结构，是指按照其包含的渠道中间商，即渠道层级数量的多少来定义的一种渠道结构。通常情况下，根据包含渠道层级的多少，可以将一条营销渠道分为零级、一级、二级和三级渠道等。消费品和工业品的销售渠道长度模式分别如图 3—6、图 3—7 所示。

营销渠道的宽度结构，是根据每一层级渠道中间商的数量的多少来定义的一种渠道结构。

渠道的广度结构，实际上是渠道的一种多元化选择。有的企业针对大的行业客户，企业内部成立大客户部直接销售；针对数量众多的中小企业用户，采用广泛的分销渠道；针对一些偏远地区的消费者，可能采用邮购等方式。

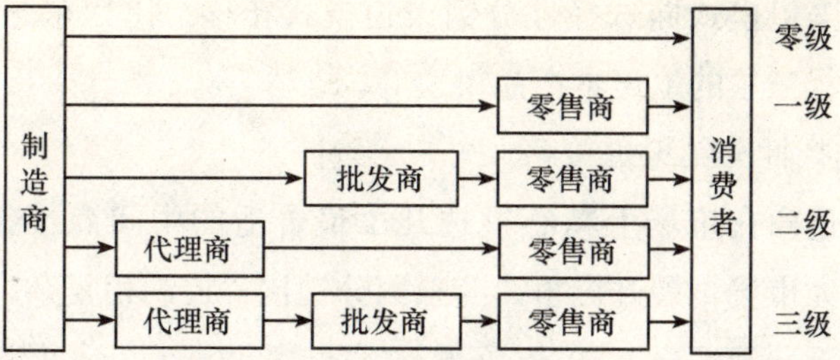

图 3—6 消费品的销售渠道长度

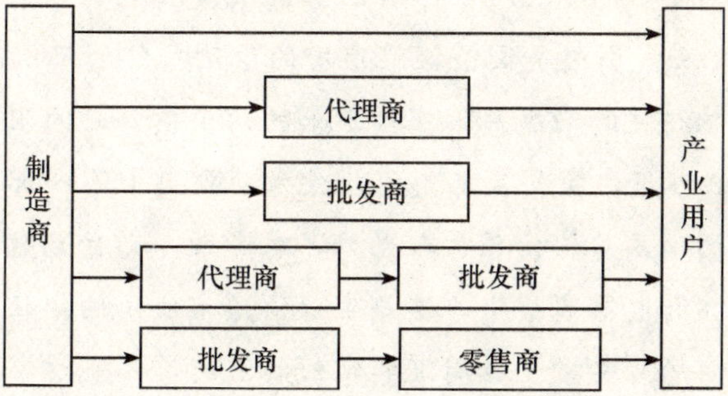

图 3—7 工业品的销售渠道长度

（二）渠道策略

根据渠道宽度，有如下渠道策略：

1. 密集分销渠道策略

指制造商尽可能地通过更多的批发商、零售商等中间商推销其产品，多见于消费品领域中的便利品，比如牙膏、牙刷、饮料等生活必需品、消耗品，以使消费者随时随地能买到所需商品。

2. 独家分销渠道策略

指制造商在市场上仅选择一家中间商推销其产品，通常有协议规定，生产者不能再找中间商，中间商也不能再经营有竞争性的产品。适合特殊商品，如专利、品牌优势产品。许多新品的推出也多选择独家分销的模式，当市场广泛接受该产品之后，许多公司就从独家分销渠道模式向选择性分销渠道模式转移。比如东芝的笔记本产品渠道、三星的笔记本产品渠道等。

3. 选择性分销渠道策略

指制造商在市场上精心挑选几个最合适的中间商推销其产品。有利于扩大市场，展开竞争。与独家分销比，控制稍复杂。

案例 3—3 迪士尼公司的“行销通路革新”

1992 年，迪士尼第 30 部动画作品《美女与野兽》（Beauty and the Beast）引起美国圣诞节市场的轰动：作为动画史上第一部运用电脑科技的动画片，在接下来的两个多月时间里，迪士尼卖出 2 000 万盘，赢利 2 亿美元，成为动画史上第一部票房突破一亿美元的动画片。按照常人思维，录影带、影音光盘应该出现在文化用品和电器商店中，这是生产商通常使用的销售渠道。然而，文化市场经常被生命周期非常短的流行作品充斥，这些作品在新闻炒作下内涵、质量往往被夸大，受众购买后难免有上当受骗的感觉。通过调研决策，迪士尼公司大胆选择在超级市场和儿童玩具商店出售录像带，把录像带和家居用品、洋娃娃、游戏机、蔬菜瓜果等摆放在一起销售。

他们发现，现代人生活节奏加快，有时间、有兴趣专门逛录影作品市场的客流有限，动画作品作为一个分支，受众更会削减，如果按照常规销售渠道进行作品推广，《美女与野兽》势必会湮没在各种制作良莠不齐的作品中，导致滞销。于是，他们出人意料地选择了超级市场和商店——人们每天必到的地方，往往是经商的黄金市场，川流不息的人潮给迪士尼公司带来滚滚财源，该行销手段也引起市场营销专家的关注与震惊。（摘自《营销谋略与经典案例》）

专家点评

传统营销渠道方式是：从生产者到批发商、零售商、消费者，渠道不稳定、成员关系松散、中间分利者较多，势必导致商品价格哄抬，也使得假冒产品有机可乘，分销风险较大。这时候通过了解或变更，寻找合适有效的销售渠道变得至关重要。迪士尼的行销经历或许能够让人眼前一亮，豁然开朗。

三、营销渠道设计与管理

（一）营销渠道设计

产品推向市场能否取得成功，渠道设计是至关重要的环节。首先要分析消费者需要的服务水平，寻找各目标市场中消费者的诉求，弄清目标消费者的购买行为，是设计营销渠道的第一步。公司必须弄清目标消费者在产品批量、等待时间、空间便利程度、产品服务多样化等方面所需要的服务水平。

其次，确定渠道目标和限制条件。目标应表现为期望的服务水平，在竞争条件下，应在期望的服务水平上把渠道费用降至最低。

再次，明确主要的渠道交替方案。在确定渠道目标和消费者期望的服务之后，就要明确主要的交替方案。如中间商类型、数目、渠道成员的条件与责任等。

最后，评估主要的渠道交替方案。如果需要从几个渠道交替方案中选择最佳方案，应从经济性、可控性、适应性等方面比较不同方案的可赢利能力。

（二）渠道成员选择与激励

以 IT 产业为例，构成 IT 产业链的任何一个组成部分，都是一个渠道成员。因此，厂商、代理商、经销商以及用户都是渠道成员，而且是基本渠道成员，因为它们拥有 IT 产品或服务的所有权并相应地承担实质性的风险。基本渠道成员是营销渠道管理的主要关注对象，他们承担着推销、渠道支持、物流、产品修正、售后服务及风险承担等职责。在渠道成员选择上要符合以下原则：覆盖目标市场、分工合作、形象匹配、同舟共济。

提供优质产品、给予适当的利润、共同进行广告宣传等吸引中间商进入渠道的条件已构成了部分的激励因素，但还要加以培训、监督和鼓励。为此，首先要了解中间商的需要和愿望，制造商可以采取合作、合伙和分销规划来取得中间商的合作。企业必须定期评估中间商的业绩、销售配额完成情况、平均存货水平、送货时间、在促销和培养方面的合作和对消费者提供的服务等，建立一定的制度进行评估。

（三）渠道冲突管理

制造商与制造商、制造商与中间商、中间商与中间商之间甚至制造商与其直销办事处的冲突是不可避免的。可能出现以下冲突：

（1）水平冲突。同一层次成员间的冲突。经销商间会争夺货源或在定价、交易条件、促销措施上等方面产生矛盾，或某些经销商的行为（如弄虚作假）影响到整个公司的形象。

（2）垂直冲突。不同层次成员对商品的品种、规格、质量、数量，交易地点、时间和方式等方面有不同的要求，从而产生的冲突，如制造商与批发商、制造商与零售商、批发商与零售商之间的冲突，主要体现在流通领域中的一些功能上，如商品的储运、集中、分散，商标的采用，定价权，广告，质量保证，维修等由谁决定或承担等问题。

（3）不同渠道之间也可能产生冲突。由于各层次的成员都是相互依存的，所以应从各方长远利益的角度加强合作。渠道内部的成员之间的紧密合作尤其重要，应确定和明确共同的目标，以避免风险，获取利益。在供货方面制造商要在产品品种、质量、数量、价格等条件方面满足中间商的要求，为中间商创造条件。在信息交流方面除加强市场信息交流外，渠道成员之间还可互派人员参加对方的工作如咨询等来联络感情。在销售方面要加强合作，如在销售设备、技术服务、售后服务等方面相互配合。

四、营销渠道系统

传统营销渠道系统是由生产者、批发商、零售商形成的松散网络，目前在企业营销过程中普遍存在以下三种渠道系统：垂直营销渠道系统、水平营销渠道系统、营销多渠道系统。

（一）垂直营销系统

垂直营销系统也被称做纵向销售渠道系统，是由生产者、批发商、零售商所组成的一种统一的联合体。在这种系统中，某个渠道成员（可以是生产者，也可以是批发商或零售商）拥有其他成员的产权，或者是一种特许经营关系。垂直营销系统有利于控制渠道行动，消除渠道成员为追求各自利益而造成的冲突，又可分为公司式、合同式和管理式三种类型。

随着市场环境的变化，流通渠道缩短成为一种趋势，生产商和中间商都在极力接近最终消费市场。一方面生产商设置销售部门向流通领域渗透，另一方面大型零售商自行开发自有商标产品。如全球知名的保健及美容产品零售集团屈臣氏在销售来自多个国家的化妆品、药物等的同时，力推自创品牌化妆品、个人护理用品类，向生产领域渗透。可见企业要实现顺畅的营销渠道，不仅要寻找、培育合作伙伴，还要调整自身的渠道策略。一旦营销系统建立并运转，成本便会大大降低，系列化营销系统成为营销发展的一种趋势。

娃哈哈作为民族品牌在饮料市场取得了巨大的成功，它的促销重点是经销商，公司会根据一定阶段内的市场变动、竞争对手的异动以及自身产品的配备，推出各种各样的促销政策。针对经销商的促销政策，既可以激发其积极性，又保证了各层销售商的利润，做到促进销售而不扰乱整个市场的价格体系。娃哈哈将“利益的有序分配”作为自身营销概念，特别是控制营销渠道中的价差、区域、品种和节奏，保证在一定区域内只发展一家一级批发商，公司还常年派出一到若干位销售经理和理货员帮助经销商开展各种铺货、理货和促销工作。在某些县区，甚至出现这样的情况：当地的一级批发商仅仅提供了资金、仓库和一些搬运工，其余的所有营销工作都由娃哈哈派出的人员具体完成。各级经销商可以使娃哈哈迅速地进入一个陌生的市场，大大降低了市场的导入成本。这些经销商团队，是保证市场创新、增长和降低风险的重要力量，娃哈哈正是通过这种“制度建设”实现了市场的制衡。

（二）水平营销系统

水平营销，是由两家或两家以上的公司自愿组成短期或长期联合关系，共同开拓新出现的市场营销机会。此种营销方式通常用于缺乏资本、技能、生产或营销资源来独立进行商业冒险的公司，或者用于公司联合可以产生巨大协同作用的时刻。通常，水平营销过程有三种结果：一是旧产品、新功能，其效果是扩大营销领域如凋谢的玫瑰花做成香包、沐浴用品；二是新产品、新功能，创造一个新的市场或类别；三是新产品、旧功能，创造一种新的亚类别如带有漂亮设计的香水瓶子。

案例 3—4　　IBM 开展腾越战略巡展

2005 年 IBM 启动主题为“中小企业大世界，共赢共荣创新天”的工商企业部合作伙伴腾越战略巡展。巡展会上，IBM 相关高层管理人员及行业负责人与到会合作伙伴回顾总结2004年在中小企业市场所取得的骄人战绩，介绍IBM各部门最新渠道策略及支持计划，探讨和规划2005年充分整合相互间的合作网络资源、发挥面向中小企业的易捷系列解决方案的产品和服务优势、利用IBM多年以来服务全球和中国中小企业的丰富经验和行业认知，将企业“创新”的理念和方法带给更多地区的中小企业，帮助他们切实解决企业成长所面临的实际问题，实现企业经营的随需应变。

IBM在此次全国巡展上重申了下一阶段发力中小企业市场业务的三大部署，即加强与合作伙伴和独立软件开发商的渠道合作；进一步提升易捷系列产品和业务咨询服务；通过与广大独立软件开发商和合作伙伴的合作，扩大行业覆盖和区域覆盖。目前IBM在中小企业市场获得的收入约占其在中国整体收入的1/3，这一部分业务还保持了强劲的发展势头，仅以2004年第一季度为例，该季度IBM中小企业业务量相比去年同期增长50%。IBM与中小企业的通力合作使IBM中小企业的客户遍地开花，在制造/能源、零售/流通、银行/保险/金融、能源/电力、媒介/娱乐等不同行业领域，IBM均有相当建树。（摘自比特网）

专家点评

IBM合作伙伴腾越战略，通过渠道支持、拓展商机、增进合作和奖励计划的深化实施，进一步加强和整合其逐渐强大的合作伙伴网络资源。正是企业间联合协作的水平营销战略，把IBM工商企业部和业务合作伙伴紧密连接在一起，确立统一的发展目标，深入了解中小企业的业务模式和行业需求，巩固并拓深其在中小企业的市场领先地位的信心和决心。

（三）营销多渠道系统

传统的销售手段有街面的商店、百货大楼、产品目录、收音机、电视、宣传手册以及直邮。随着顾客细分市场和销售渠道的不断增加，越来越多的公司采用多渠道营销，即一个公司建立起两条或两条以上的渠道向同一市场分销产品。通过增加渠道，公司可以增加市场的覆盖面，降低渠道成本，如网络销售要比人员到户访问省时省力。

每个渠道都必须找到自己的回报或利润以确保自己继续存在下去。可能很难精确认定这一渠道对整个渠道网络的利润贡献，不过有一点可以肯定的是，多个渠道综合所得的利润肯定高于单独一个渠道所获的利润。

总的来说，拥有成功的多渠道营销系统的公司必须遵循以下规则：

(1) 在顾客细分中设计边界时，要在太紧和太松间求得一个平衡，设计一个避免重叠的渠道系统，这在产品生命周期的后期尤为重要。

(2) 运用营销任务来构建营销系统。

(3) 预测、识别、沟通和限制营销系统中的冲突。

(4) 允许新渠道成长，加强细分市场界限，形成控制激励政策和组织机构。

(5) 充分利用信息技术和其他管理工具来协调顾客从一个渠道或方式向另一个渠道或方式的移交，逐渐为重要顾客或顾客细分开发定制化的营销系统。

(6) 渠道管理者应严密监督多渠道的相互作用，培育一个开放的、公开沟通的环境，建立正式的冲突解决机制。

从企业实践的角度，可口可乐公司中国市场的营销渠道策略至少在渠道观念、渠道分类、运作策略选择、服务团队组织及运用、管理及控制五个方面对中国企业具有非常重要的启示和借鉴作用：从1984年前的“买得到”到现在的“无处不在”策略，可口可乐公司始终把营销渠道作为一个重要的营销要素。同时，可口可乐非常重视营销渠道与其他营销要素的搭配作用，决不片面地夸大渠道的实际作用。可口可乐在选择渠道运作策略时，不仅会依据不同的渠道集合选择不同的策略，还会依据市场发展以及企业资源所处的阶段选择有针对性的营销渠道运作策略。

【延伸阅读】

直销一直以来都被认为是与消费者或者与购买者相联系的一种商业模式与营销工具，从直销的定义可以分析其具有两大特点：1.面对面销售。2.直销产品不在固定零售点销售。这是直销有别于一般零售店的销售，它不受空间的限制，随消费者与直销商的方便，直销公司可以通过直销员在顾客家中、工作地点甚至其他非特定场所，把商品送达消费者。通过缩短产品流通中间环节降低渠道成本，使企业加快资金周转速度，为社会增加大量的就业岗位。直销服务更加个性化和便捷化，节省了消费者的购物时间和采购费用，还可以从经受过专业产品培训的直销商那里享受到更加全面和个性化的服务。

根据现行法规规定，直销产品范围限定在化妆品、保健食品、保洁用品、保健器材、小型厨具5类产品，这5类产品在终端市场的份额占80%以上，此外还有图书、娱乐、融资、网络教育等有形或无形产品。目前很多传销公司打着“直销”的旗号，从事偷税漏税等欺诈活动，对消费者的物质和精神造成严重的损害，使人们对直销产品也产生抵触情绪。所以直销更要本着“实事求是，不夸张，不虚假”的诚信服务的理念，让消费者尽可能多地了解企业和产品，消费者购买的自愿性是非常重要的，不要把直销做成简单的推销，更不能沦为传销。目前国内外有一些比较成功的直销企业如雅芳、安利、玫琳凯等，它们的一个共性便是产品质量过关，消费者反映良好。

第四节 玲珑变通做促销

消费大众并不真正知道自己要什么。直到那些创意以商品方式呈现在他们的面前。如果他们能事先告诉你自己要什么，今天就不会有轮子、杠杆，甚或汽车、飞机和电视的出现。

——李奥·贝纳（Leo Burnett）

一、促销的作用与策略

促销是指企业通过一定的传播与沟通手段如人员推销、广告、公共关系和营业推广等，向目标顾客传递产品或劳务信息，树立企业与产品形象，促进顾客购买的一系列活动。

（一）促销的作用

促销本质上是一种通知、说服和沟通活动，沟通者有意识地安排信息、选择渠道媒介，以便对特定沟通对象的行为与态度进行有效的影响。各种说服方式的目的都在于沟通，形成了沟通模式，该模式由九个要素构成，其中两个要素表示沟通的主要参与者——发送者和接收者，另两个要素表示沟通的主要工具——信息和媒体，还有四个要素表示沟通的主要职能——编码、解码、反应和反馈，最后一个要素表示系统中的噪音。沟通模式中的关键因素如图 3—8 所示。

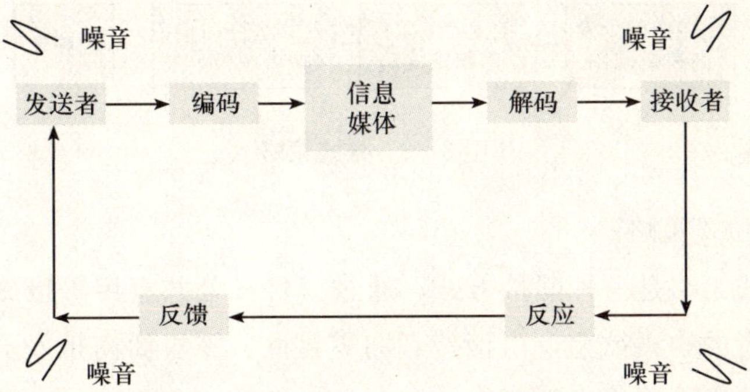

图 3—8　沟通模式中的关键因素

用经济学术语来说，促销的基本目的是改变一个公司的产品的需求（收入）曲线的形状。生产者不可能完全清楚何人、何地、何时需要什么商品，何价格消费者愿意并能够接受等；另一方面，广大消费者也不可能完全清楚什么商品由何人、何地、何时供应，价格高低等。企业必须通过沟通活动，利用广告、宣传报道、人员推销等促销手段，把生产、产品等信息传递给消费者和用户，以增进其了解、信赖并购买本企业产品，达到扩大销售的目的。

（二）促销策略

根据促销活动运作的方向可分为两种促销策略：

1. 推式策略

推式策略是以直接方式，运用人员推销手段，辅之以中间商销售促进，兼顾消费者的销售促进。其作用过程为，企业的推销员把产品或劳务推荐给批发商，再由批发商推荐给零售商，最后由零售商推荐给最终消费者，如图 3—9 所示。该策略适用于以下几种情况：企业经营规模小，或无足够资金用以执行完善的广告计划；市场较集中，分销渠道短，销售队伍大；产品具有很高的单位价值，如特殊品、选购品等；产品的使用、维修、保养方法需要进行示范。

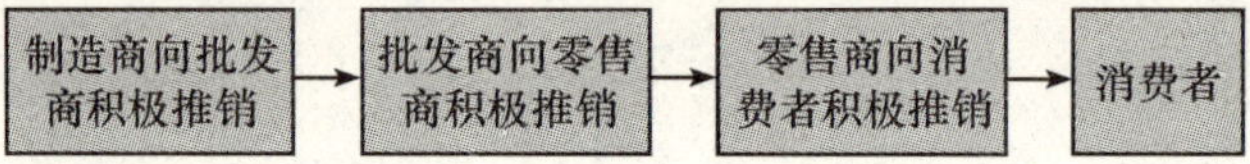

图 3—9 推式策略

2. 拉式策略

拉式策略是一种间接方式，通过广告和公共宣传等措施直接诱发消费者的购买欲望，由消费者向零售商、零售商向批发商、批发商向制造商求购，由下至上，层层拉动购买，如图 3—10 所示。这种策略适用于：市场广大，产品多属便利品；商品信息必须以最快速度告知广大消费者；对产品的初始需求已呈现出有利的趋势，市场需求日渐上升；产品具有独特性能，与其他产品的区别显而易见；能引起消费者某种特殊情感的产品；有充分资金用于广告。

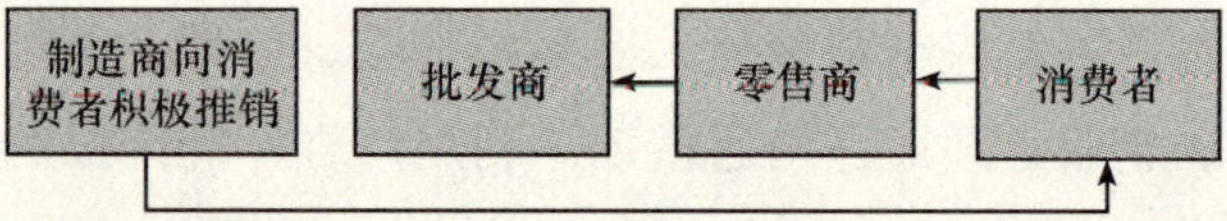

图 3—10 拉式策略

二、促销方案制订

一个好的促销方案，往往能起到多方面作用，如提供信息情况，及时引导采购，激发购买欲望，扩大产品需求，维持市场份额，巩固市场地位等。为有效实现预期的促销目标，企业必须从整体上确立促销方案。

1. 确定目标市场

确定产品或服务针对的消费者，这里面涉及多个角色如目标顾客、购买决策者、影响者、一般公众、特殊公众等。只有认准了潜在客户，才能采取最有效的促销手段与其进行营销沟通，并在沟通过程中传达最适合于他们的营销信息。

2. 锁定促销目标

总的来说，企业所希望实现的促销目标就是企业期待目标市场对促销活动所作出的反应，如果消费者购买需高度参与、高度差异性的产品，其购买者行为经过 6 个阶段：知晓—认识—喜爱—偏好—确信—购买。

3. 确定促销信息

企业在与目标市场沟通时用以吸引目标市场所采用的文字和形象设计。企业要表达什么？如何合乎逻辑地表达出来？产品能够给用户带来的最大的益处是什么？这些是促销信息中最关键的内容。麦当劳餐厅不仅营造了家庭的温馨氛围，还有一整套儿童故事，以及卡通人物形象，比如汉堡神偷、奶昔小精灵等都成为了麦当劳广告中的主角，同时邀请年轻时尚偶像王力宏等明星代言，深受青少年的欢迎并在大众群体中传播开来。

4. 选择促销工具

选择最有效的促销工具，以便准确传达促销信息。将广告、销售推广、公共关系、人员推销、直接营销进行选择组合，形成对客户更具人情味、更富个性化的促销沟通。

5. 确定促销预算

在估算竞争对手促销预算的基础上来确定自己的促销预算。总的促销预算应使得从最后一元钱促销费中所获得的边际利润恰好等于在使用最佳的非促销方法时最后一元钱所获得的边际利润，当然在执行时并不容易实现此原则。

6. 确定促销总体方案

制订详细的推行计划，是保证促销方案顺利实施的前提，方案一旦确定，必须自始至终协调和整合总体方案中所采用的各种不同的促销手段。

7. 评估促销绩效

对目标受众进行调查咨询，衡量促销对其影响，对促销总体方案作出评估和调整，使后续工作能够更有效地为实现促销目标服务。

【延伸阅读】

顾客对服务的满意度取决于顾客实际感知到的服务质量与其期望的质量之间的差距。企业应慎重承诺，诚信经营。爱默生公司就是很好的榜样，只要是公司作出的承诺，就完全能够实现，从来不说没有把握的话。

沃尔玛的创始人山姆·沃尔顿有句名言："请对顾客露出你的八颗牙。"在山姆看来，只有微笑到露出八颗牙的程度，才称得上是合格的"微笑服务"。山姆还教导员工："当顾客走到距离你10英尺的范围内时，你要温和地看着顾客的眼睛，鼓励他向你咨询和求助。"这一条被概括为"十英尺态度"，已成为沃尔玛的员工准则。沃尔玛企业文化中"不要把今天的工作拖到明天""永远提供超出顾客预期的服务"等规则已被写进了美国的营销教科书。

挖掘需求，满足客户，搞好服务一体化工作，全方位、立体式让顾客从心理上感到满意。细微体贴，真诚服务，营业点精致的布局、优雅的背景音乐、一杯热茶，以及一次用心的回访、一个温馨的节日祝福等都能向客户传递一种价值、一种尊重，一个个细节元素与细节行为都可能成为促进产品销售以及成就品牌美誉度的不可或缺的最有价值的因子。

三、促销组合策略

企业将合适的产品，在适当地点、以适当的价格出售的信息传递到目标市场，一般是通过两种方式：一是人员面对面推销；另一种是非人员推销，即通过大众传播媒介在同一时间向大量顾客传递信息，主要包括广告、公共关系和营业推广等方式。这两种推销方式各有利弊，相互补充。

促销组合指履行营销沟通过程的各个要素的选择、搭配及其运用。促销组合的主要要素包括广告促销、人员促销和销售促进，以及公共关系促销等。

（一）促销组合主要要素

1. 广告促销

企业按照预算，支付一定数额的费用，通过不同的媒体对产品进行宣传。广告具有公开展示性、普及性、表现力强、非人格化等特点。

2. 人员推销

企业派出推销人员或委托推销人员，直接向消费者传递信息，向目标顾客进行产品介绍、推广，促进销售的沟通活动。人员促销具有较强的针对性、培植效应，建立良好的客服关系，提升售后服务，但一般费用较高。

3. 销售促进

企业为刺激消费者购买，由一系列具有短期诱导性的营业方法组成的沟通活动。销售促进能够迅速地进行信息沟通、给消费者强烈的产品、服务认知。

4. 公关促销

企业通过开展公共关系活动或通过第三方在各种传播媒体上宣传企业形象，促进与内部员工、外部公众良好关系的沟通活动。公共关系促销具有高度可信性，能够消除消费者的防卫心理，且费用较低。

(二) 促销组合影响因素

在促销组合使用时，应进行多方位全面考虑，也要注意影响沟通组合的诸多因素：

1. 促销目标

这是影响促销组合决策的首要因素。消费者购买阶段一般包括四个阶段：第一阶段知晓阶段，促销组合的次序是广告、销售促进、人员推销；第二阶段了解阶段，促销组合的次序是广告、人员推销；第三阶段信任阶段，促销组合的次序是人员推销、广告；第四阶段购买阶段，促销组合的次序是人员推销为主，销售促进为辅，广告可有可无。

2. 产品性质和类型

产品性质和类型的不同导致企业所采取的促销组合也会有所差异。产品类型分消费品和投资品：消费品的促销组合次序是广告、销售促进、人员推销、公共关系；投资品的促销组合次序是人员推销、销售促进、广告、公共关系。

3. 产品生命周期

在产品生命周期的不同阶段，促销工作具有不同效益。在引入期，投入较大的资金用于广告和公共宣传，能产生较高的知名度。在成长期，广告和公共宣传可以继续加强，促销活动可以减少。在成熟期，购买者已知道这一品牌，仅需要起提醒作用水平的广告，销售促进又逐渐起重要作用。在衰退期，广告仍保持在提醒作用的水平，公共宣传已经消退，销售人员对这一产品仅给予最低限度的关注，但销售促进要继续加强。产品生命周期与促销组合策略的关系如图 3—11 所示。

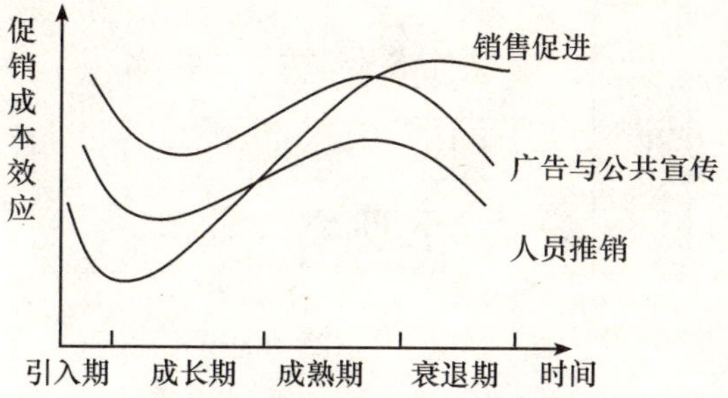

图 3—11　产品生命周期与促销组合策略的关系

4. 其他营销因素

市场特点受不同地区的文化、风俗习惯、经济政治环境等的影响，促销工具在不同类型的市场上所起作用是不同的；本公司的营销风格、销售人员素质、整体发展战略、社会和竞争环境等不同程度地影响着促销组合的决策。营销人员应审时度势，选择合适的促销工具，才能制定出有效的促销组合决策。

四、广告活动的开展

广告是以赢利为目的的广告主采用一定的媒体，以支付费用的方式向目标市场传播产品信息的有说服力的信息传播活动。广告大师李奥·贝纳曾说，做生意的唯一目的，就在服务人群；而广告的唯一目的，就在对人们解释这项服务。企业开展广告的目的是希望消费者说："这真是个好产品"，而非："这真是个好广告"。

广告的要素有：广告主、广告公司、广告媒体、广告信息、广告思想和技巧、广告受众及广告费用。成功的广告是让大众都接受的一种广告文化，而不是脱离实际的高雅艺术。如脑白金的广告是成功的，因为它的礼品观念定位是非常成功的，市场的销售份额也证实了这一点。广告活动的模式如图 3—12 所示。

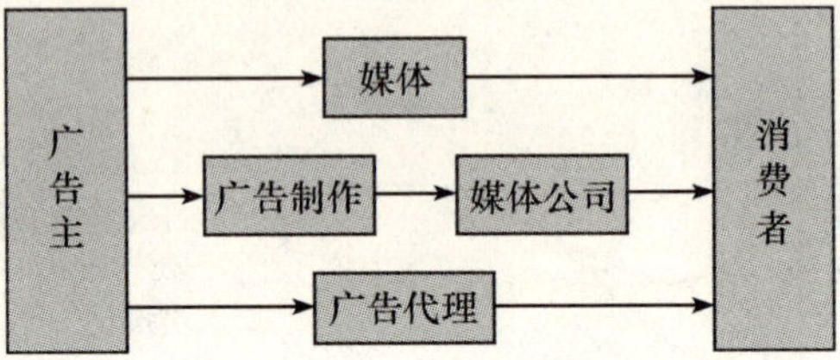

图 3—12 广告活动的模式

企业在开展广告活动时，要注意广告预算，广告费由以下几部分构成：

购买媒体空间和时间的费用：如用于购买报纸杂志的版面，购买广播电视的时间，购买户外广告、交通广告、电影广告、幻灯广告等广告媒体费用。

管理费用：广告部门工作人员的工资和薪金、办公费、差旅费，推销员的活动经费等。

制作费：美工、文档、印刷、制版、照相、广播电视广告的摄制等费用。

杂费：如广告材料的仓储、运输费，橱窗、路牌等广告的安装费等。

产品生命周期与广告费用的关系如图 3—13 所示。

目前广告主流媒体有报纸、杂志、广播、电视、户外媒体，新兴媒体有互联网、挂历、车票、地铁等，企业可以选择广告媒体策略，在一定的费用内，选择媒体及其组合的方式，将广告主欲诉求的广告信息有效地传递到目标广告受众，弥补单一广告媒体的不足。

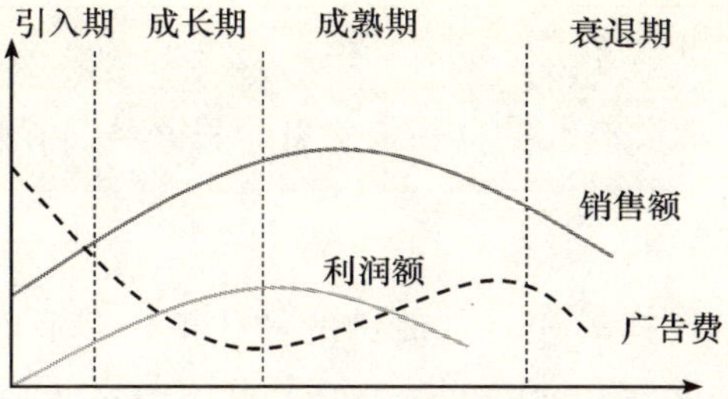

图 3—13　产品生命周期与广告费用的关系

案例 3—5　　百度唐伯虎系列电影广告

百度唐伯虎系列小电影广告，是中国首个真正意义上的互联网低成本营销案例。作为“百度，更懂中文”品牌活动的一部分，三个短篇采用中国武侠电影和周星驰风格的诸多元素构建。《唐伯虎篇》将“百度，更懂中文”阐释得淋漓尽致：片子是在一种周星驰式的风格中展开的，面对一张中文告示，风流才子唐伯虎三度通过析词断句，将一个自以为懂中文的洋人身边的女粉丝全部抢夺过来，最后连他亲密的女朋友亦被唐伯虎征服，最后洋人被气得吐血。借此表明百度对中文有更深的理解力，以及拥有独到的中文析词技术等，诙谐之余极具意趣。其绝妙之处还在于“让每一个受众都成为传播者”，通过受众主动自发地传播企业品牌信息。百度前副总裁梁冬曾经开玩笑说：三个视频短片的创作是因为“没有广告预算”而想出来的。话虽诙谐，却道出了这三个短片以 10 万元的拍摄费用，达到了近亿元传播效果的实质。相比于目前许多品牌动辄聘请知名导演以千万元的费用拍摄宣传片，百度的三个短片仅仅通过员工给朋友发邮件，以及在一些小视频网站挂出下载链接等方式扩散开来，传播人群超过 2 000

万人次，是一次病毒式营销的奇迹。由于对视频关注较高的是白领人群，这次活动使大量白领搜索引擎用户转向百度。

专家点评

广告是信息传播的使者，促销的催化剂，企业的介绍信，产品的敲门砖，创业者在开展广告活动时，可以曲径通幽，采取新媒体，如网络传播等，降低成本，达到效果，出奇制胜！

第五节 别出心裁新营销

> 创新是一个国家发展的灵魂，也是一个企业的成功之道。如果创新是你企业中的文化的时候，那我相信你是独特的。只有独特的企业在今天的世界上才能生存，才能发展。
>
> ——马云

一、网络营销

阿里巴巴创始人马云曾说：创新是一个国家发展的灵魂，也是一个企业的成功之道。企业家是懂得用最小的资源去把市场价值扩大化，也了解企业在开展营销时如何创新以制胜。

随着科学技术发展，网络逐渐进入人们生活并深刻地改变着人们的生活与传统观念，成为企业重要的商业阵地，各种商业机构、金融机构、产业部门纷纷入网，充分利用全球信息网络空间传递、获取商业信息。

网络营销是以现代营销理论为基础，借助联机网络、电脑通信和数字交互式媒体的威力来实现营销目标的一种营销方式。它通过利用因特网对产品的售前、售中、售后各环节进行跟踪服务，贯穿企业经营全过程，寻找新客户、服务老客户，最大限度地满足客户需求，开拓市场、增加赢利，是一对一的、理性的、消费者主导的、非强迫的，一种低成本与人性化的营销。

开展网络营销的企业也面临“几家欢乐几家愁”的局面。一些企业的投入回收得“盆满钵溢”，也有的大把的资金花在网络营销上，却入不敷出。一些中小企业总认为“有了漂亮的网站，有及时留言回复系统，就代表建立起了良好的网络营销”，这种想法过于简单。门户网站只能算建立网络营销展示产品、展示服务的窗口，还要涉及企业的经营理念、品牌、服务等。一些企业通过电子邮件营销大范围的传播企业信息，但在病毒不断泛滥的今天，很容易被误认为是病毒或垃圾邮件，导致了客户对网络邮件灰色信息的厌烦抵触。对进行商务电邮营销的企业而言，应首先检验、测知邮件地址数据库的可靠性、有效性，增强邮件吸引力，确保有的放矢，不致浪费资源。

以竞价排名为营销唯一出路也是中小企业的一个误区，竞价排名即客户以事先协议好的价格，向搜索商（如 Google、百度等）购买一个关键词，当输入这个关键词搜索时，出价越高的客户搜索结果排名就越靠前。搜索竞价排名的成本费用并不低，恶意点击、无效点击使企业白白花掉银子的事也时有耳闻。企业选择网络排名推广产品和服务时仍需慎重，配合搜索商做好搜索引擎优化工作来提高目标网站在搜索结果页面的自然排名，使更多的用户了解企业的基本情况。

案例 3—6　　真维斯，追着流行向前跑

在网络新媒体的浪潮中，真维斯是国内最早应用网络营销的服装品牌，通过与网易独家合作建立网上“休闲王国”，把休闲服装的品牌形象，成功地铺向了互联网。

1993 年，真维斯进军中国内地市场，经过十多年的发展，真维斯在国内 20 多个省市开设了近 1 000 间专卖店，拥有现时中国最大的休闲服饰销售网络。真维斯在与客户的沟通交流方面，没有找明星代言品牌，也鲜有电视广告的投放，而是通过组织一系列倡导自由、休闲的活动来影响更多年轻、时尚的消费者。早在 2002 年，网易就已经成为真维斯系列营销活动的独家网络合作媒体。真维斯非常注重利用网络这一以“年轻人”为主力受众的媒体来开展广告营销活动，以网络媒体为平台的真维斯“休闲王国”活动开展得如火如荼。在这里，喜爱真维斯的消费者可以了解品牌的市场动态，参与互动活动和回馈客户的抽奖活动。真维斯目前拥有数十万的 VIP 会员，其中 18～25 岁的消费者占到多数，这些年轻的消费者喜爱时尚且已经习惯了与网络为伴的生活，他们通过网络形成共同的“兴趣团体”，每天都在进行与真维斯品牌形象、应季新品有关的信息传播和互动交流。（摘自创研营销网）

专家点评

真维斯借助论坛的形式与消费者沟通，有效地达成营销目标，为品牌与最忠实的消费者建立了更活跃的沟通渠道。互联网广告投放已成为企业实践网络营销的重要途径，但首先要做的是确定受众群体范围，避免白白投入大量广告花费但效果甚微。

二、合作营销

或许“合作营销”这个名词有些陌生，但相信很多人都听过类似“长城电脑与中国人寿共同推出时尚万元机百万平安礼”的大型促销活动或者见过麦当劳内悬挂的 TCL 高清晰电视等。看上去并不相关的品牌到利益共同体这种结合与两个原本不认识的人联姻走到一起有着异曲同工之妙。合作营销一般的定义是：两个或两个以上相互独立的企业通过分享市场营销中的资源，降低成本、提高效率、增强市场竞争力的一种营销策略。

合作营销越来越多地被企业关注的原动力主要有如下几个：市场竞争日趋激烈，在企业缩减开支的压力下，营销者们都在寻找能够获得事半功倍效果的营销技术；合作营销使企业通过与合作伙伴的顾客群体的接触，把产品拓展至新的市场，大大节约了开发新客户的费用；信息技术的发展，为企业间提供了便利的信息交流平台，使合作变得更加容易，企业能通过信息共享分析相互之间合作的可能途径，有效整合企业内部资源和外部资源；人们希望在享受产品或服务本身的同时还要享受购买产品或服务的过程。合作营销顺应这种潮流，基于异业间松散的联盟关系，为消费者的“集成需求”建构一个开放式的平台。

目前较为普遍的合作营销方式有水平合作、垂直合作和交叉合作三种营销模式。水平合作是在特定营销活动内容上平行合作，如同一产品的开发、促销等，或互相为对方产品提供销售渠道网络；垂直合作是企业在不同营销活动中合作，企业分别承担某一营销活动，取长补短；交叉合作主要用于同一行业的企业间开展，又称为全方位合作。

2006 年 7 月，惠普和百度联合宣布，惠普公司将在中国内地销售的部分电脑系统中预装百度搜索系统。这种渠道捆绑使百度通过将现有资源对应外部资源进行“外包”和“嫁接”，使自己的核心竞争优势更为强化，获得竞争对手难以模仿和企及的营销效果。在此之前，Google和戴尔也达成协议，戴尔公司未来出厂的新计算机中都将预装Google公司的桌面搜索软件和工具栏。鄂尔多斯羊绒服装与海尔洗衣机的全国推广就成功地彰显了鄂尔多斯的高档定位和海尔的先进技术，满足消费者衣着和清洁上的双重质量要求。

三、体验营销

周末，大学生小王去移动营业厅用“M值”换了两张电影票，然后请女朋友一起看了新上映的影片。在大学里，用“M值”换礼品已经成为学生们的一大乐事，使用动感地带的人数正在不断增加。动感地带的成功几乎是一个传奇，从2003年上市到年底客户数突破千万大关，2004年客户数激增至3 500万。调查结果显示，在15～25岁用户群体中，动感地带的品牌知名度和美誉度分别达到80%和73%。在取得骄人业绩的同时，动感地带给年轻人们提供的体验式产品和服务的营销模式引起了人们的注意，这无疑是国内体验营销的经典案例之一。

体验经济学家派恩（Pine）指出：“所谓体验，就是指人们用一种从本质上说以个人化的方式来度过一段时间，并从中获得过程中呈现出来的一系列可回忆的事件。”体验营销以顾客为导向，站在顾客体验的角度，去审视自己的产品和服务，最终感动他们。体验要先设定一个体验式营销人员所精心设计出来的“主题”，所有的营销策略都围绕这个主题展开。

作为一种新的营销模式，体验营销与传统营销模式不同之处在于：体验营销关注的焦点是顾客的体验，而不仅是产品的功能与特色，通过为顾客提供全方位的、有价值的体验来获利。体验营销的关键在于促进顾客和企业之间建立一种良好的互动关系，始终把和顾客进行直接的、一对一的交流和服务摆在核心位置，这也是时下热门的“一对一营销”的核心要旨。消费者在购买家具时是非常渴求体验的，比如购买沙发就想坐上去试一试，买衣柜就想检验柜门是不是好用等。问题是，很多商家并不愿意消费者去体验，很多提示牌标注着“样品勿坐”“浅色物品，请勿触摸”等。而在宜家购物，消费者会发现他们完全可以自由地选择拉开抽屉、打开柜门、在地毯上走走、试一试床和沙发是否坚固等。宜家的店员不会像其他家具店的店员一样，顾客一进门就对着顾客喋喋不休，而是非常安静地站在一边，除非顾客主动要求店员帮助，否则店员不会轻易打扰，这可谓是体验营销的先驱，让顾客静心浏览，在一种轻松、自由的气氛中做出购物决定。

四、口碑营销

口碑营销即营销人员在消费者满意的基础上，通过一定的营销策划，使产品或服务的内涵和信誉通过公众间非正式的人际传播网络进行扩散，从而导致受众获得信息、改变态度，甚至影响购买行为的一种营销传播过程。

相信电视剧《大宅门》的热播定让大家对同仁堂药店的名声耳熟能详，美好而隽永的传说总会使人对所描述产品充满期待。口碑是自发形成的，但这并不意味着企业不能主动去制造并培育口碑。企业可通过优质服务酿造口碑，一是把服务体系化，通过完善的服务体系提升服务效率，全面降低消费者的金钱、时间、精力和体力成本，为消费者创造价值；二是服务细节化，把企业服务工作全面细节化，通过系统化的细节服务，让消费者感觉到来自细微之处的真情。企业可通过情感关怀酿造口碑，要善于走情感路线，对消费者本人予以情感关怀，并进行延伸性情感关怀。最核心的口碑来自于产品或服务的品质，企业可让消费者长期体验到品质的稳定性，围绕品质提炼出1～3个特点坚持长期传播，利用老客户带动潜在客户并为潜在客户提供免费或优惠的体验品质的机会，让客户参与产品或服务生产的全过程。某些手工制品会让消费者产生“自然、珍稀”的口碑，很多品牌都是以诚信文化、时尚文化、工艺文化等企业文化为基点制造口碑，如瑞士手表。

2007年6月，三星公司针对新上市的U608手机做了一次网络社区口碑营销，并且获得了非常瞩目的效果。三星公司首先针对国内用户的喜好对新款手机U608进行了特点分析，“超薄”炫酷的外观及强大的功能，这些特点容易通过图片的方式直观体现在网络社区，将会给用户良好的体验。通过这些特点公司策划了以新品曝光为卖点的社区营销文案，“超炫三星U608全图详解”“新机谍报绝对真实三星新机U608抢先曝光”两篇图文并茂的新品曝光的文章，吸引了大量的网友的眼球。在网友参与到U608手机的话题讨论中来时，其实针对他们的营销活动就开始了。随着话题活动的升温，策划的话题文章也被大量转载，在互联网无限延伸的空间中，三星新品U608影响更大规模的受众。在为期两个月的社区论坛口碑营销中，两个帖子的总点击次数达到了近60 000次，回复近800次，充分证明社区论坛口碑营销让U608在论坛中形成非常广泛的口碑影响力。

【延伸阅读】

陕西农民周正龙的几张“华南虎”照片让其在几日之内“名震全国”，一时间听到的、看到的皆不离虎。“老虎到底是真是假”现在已有定论，周正龙也付出了代价，但从“虎照门”的风生水起中我们倒是嗅出了一点病毒式营销的味道，如果把此种传播力量为品牌所用，威力不可小视。

病毒式营销并非依靠传播病毒开展营销活动，而是指通过口碑传播的原理，使得信息像病毒一样传播和扩散，它利用快速复制的方式传向数以千计、数以百万计的受众，特别用于进行网站推广、品牌推广等。病毒传播虽说类似于口碑传播，影响范围却更大、更广，能最大限度发挥口碑传播的威力。传统的广告传播方式具有强制性，一定程度上引发受众反感或抵制情绪。而病毒营销传播恰巧相反，是建立在“以允许为基础”上的推销方式，受众乐意接受和向网友传播并让其产生好感。“病毒”信息是经过伪装的、具有亲和力的商品和品牌信息，受众多是从熟悉的人那里获得“病毒”，这本身就有了人际传播的可信性。病毒营销是自发的、扩张性的信息推广，它并非均衡地、同时地、无分别地传给社会上每一个人，而是通过类似于人际传播和群体传播的渠道，产品和品牌信息被消费者传递给那些与他们有着某种联系的个体。这种策略可以耗费较少的人力、物力，将信息在短暂时间内快速地、爆炸式地传递给成千上万消费者。

五、本土化营销

随着人们需求的多样化，企业营销更应看到顾客需要、消费环境、购买力、文化传统、法律法规方面存在的差异，本土化营销应运而生，即一些跨国或跨区域经营的企业、公司为了在所在国或所在地区获得最大化市场利益，充分满足本地市场需求，适应本地区文化，利用经营人才和经营组织生产、销售适应特定地域的产品和服务，而形成自身的营销风格。

当今各国的国内市场更加细化，跨国企业不仅要与当地的公司抢占市场份额，而且还要与同在一国市场的其他国竞争对手竞争。为了迎合不同社会和文化对产品的不同需求，企业必须研究当地社会和文化，开拓当地市场所需的产品，“本土化”成为一种国际发展趋势。

中国作为世界上最具魅力的新兴市场之一，吸引着实力雄厚的跨国公司纷纷来投资。同时，我国许多有特色优势的企业也不甘示弱，将业务范围逐步向海外拓展，如海尔、联想。虽然这些跨国公司经营管理方式上有所不同，但它们都不可避免地采取了本土化的营销战略，从营销组合诸要素等多方面入手，本土化营销具体可划分为产品本土化、品牌本土化、价格本土化、促销本土化等。

产品本土化是产品设计要适应目标市场的需求和口味，包括产品研发本土化。例如海尔冰箱能在美国市场取得一系列成就就是因为其自进入美国市场之日起，节能指标就达到了美国 2001 年 DOE（Department of Energy）标准，同时总部设在洛杉矶的美国海尔设计中心专为美国消费者度身打造，而成为美国消费者喜爱的品牌。品牌本土化也是本土化营销的一个重要课题，跨国公司自进入他国后要注重适应该国独有的国情，根据当地消费者的需要、偏好和支付能力等因素，为产品准确定位，不遗余力地在产品生产、包装设计、商标名称、广告宣传等各个环节增加品牌的文化投入，从而创造出本土化的品牌。如美国宝洁公司的产品飘柔、潘婷、海飞丝、舒肤佳、玉兰油等都是具有中国特色的品牌名称。价格本土化要求跨国企业在向各国销售自己的产品时，综合各种因素考虑定价，包括该国目标消费者的经济收入状况、消费观念、价值观念、群体偏好和消费者对价格的心理承受力等。促销本土化要求，跨国公司需要根据目标市场的风俗习惯、民族节日适时地推出符合当地情况的促销策略，以此来抓住消费者的情感世界。如伊莱克斯为了宣传变频冰箱的节能优势，打出了“省是中国人的美德”“日耗电不足半度的冰箱”等广告语。

当然，以上划分并不是绝对的，它们相互之间有着千丝万缕的联系，相辅相成。对于创业企业来说，并不是所有产品都要进行国际化的扩张，但跨国企业本土化营销对我国本土企业有很大借鉴意义。中国幅员辽阔，56个民族的风俗习惯、城乡差别明显。根据这些国情，创业企业进行跨区域销售时，要深入了解当地人的消费习惯、偏好，及时调整产品和价格。不论是跨国企业还是本土企业，只要进行跨区域销售，就应该处理好与消费者、分销商以及各级政府等之间的关系。关系处理好了，本土化营销的目的也就达到了。

【延伸阅读】

《铁道游击队》曾是家喻户晓的抗战影片，“集中大力，打敌小部”这一游击战争战场作战的原则和智慧对当今的营销开展也有莫大的借鉴意义。游击营销的理念是由美国资深营销专家杰伊·莱文森在著名的《游击营销：小企业创造高额利润的秘诀》一书中正式提出，利用非常规的营销手段（投入更多精力做营销，而非仅仅投入更多资金）来达到传统的营销目的（销售量和利润增长），教导中小企业如何用微薄的营销预算“以小搏大”，吸引消费者目光。游击营销作为“非传统和反传统营销”的代名词，重视品牌与消费者之间的互动，善于创造独特的传播模式。

近来许多大型企业也摆脱传统的营销方法，开始采用游击营销。早在2002年8月，当索爱推出摄影手机T68i的时候，公司雇用了一些男女演员，让他们扮作游客、酒鬼，分布在美国的大城市各种场合、各个地方与其他人看似不经意地聊天，有意识地展示自己携带的T68i手机，用尽各种办法让消费者试试这些手机。这些演员身上没有索爱的标志，也不介绍说自己为索爱工作，这样接触的消费者很容易认为自己面对的就是另外一个消费者，不仅容易获得这款手机的有用信息，而且很容易建立信任。

本章小结

营销策略知识准备	
4P 的基本概念及影响因素	•
4P 策略设计过程	•
创新的营销方式	•

课后思考题

（1）结合身边产品分析产品层次结构理论、产品的生命周期管理过程。

（2）常见的定价方法有哪些？

（3）影响渠道选择的主要因素有哪些？

（4）描述促销沟通模式，介绍主要促销手段有哪些？

实训题

1. 分析目前创业产品的目标顾客，构建产品营销渠道、制定简单定价策略和促销方案。

2. 选择一种产品，结合产品特性，设计与其相适应的营销新方式。

第四章

市场营销管理

学习目标：

通过本章的学习，你将能够了解：

市场营销计划

市场营销组织

市场营销控制

第一节　市场营销计划

> 一个优秀的管理者，应该把少于一半的注意力用于对付当前问题，而把多于一半的注意力用于策划未来的发展。
>
> ——佚名

很多创业企业在创业初期，忙于资金的积累、扩张业务、招揽消费者等直接的工作，无暇制订营销计划，但是对于创业企业来说，市场营销的重点就是营销活动的实施，而营销活动的实施前提是有一个好的营销计划。制订营销计划是企业根据自身所处的营销环境，整合营销资源，制定营销战略和营销策略的过程。营销计划使得企业目标、资源和它的各种环境机会之间能够建立与保持一种可行的适应性，从而实现企业的市场战略目标。同时营销计划也为营销实施提供了指导，为营销控制提供了参照系。

一、市场营销计划的内容

与市场营销有关的企业计划大概有：企业计划、产品计划、市场计划、品牌推广计划、销售部计划、促销计划、销售渠道计划等。

由于企业的发展阶段、规模、市场状况、战略方向等多方面的影响，不同企业的市场营销计划会有所不同，不过大多数企业市场营销计划（Marketing Planning）的内容一般有下列八个构成部分。

1. 内容提要

营销计划首先要有一个内容提要，一般是计划的开头部分，对企业的主要营销目标和措施的简明概括的说明。

2. 当前营销状况

营销计划的第一个主要内容是提供该产品当前营销状况的简要而明确的分析，提供与市场、产品、竞争者、分销渠道和宏观环境的背景数据。

（1）市场。市场的范围有多大，包括哪些细分市场，市场及各细分市场近几年营业额的多少，顾客需求状况及影响顾客行为的各种环境因素等。

（2）产品。产品组合中每个品种的价格、销售额、利润率等。

（3）竞争者。主要竞争者都是谁，各个竞争者在产品质量、定价、分销等方面都采取了哪些策略，他们的市场份额有多大以及变化趋势等。

（4）分销渠道。各主要分销渠道的近期销售额及发展趋势等。

3. 威胁与机会

第二个主要内容是对市场营销中所面临的主要威胁和机会的分析。它概述企业外部的主要机会与威胁、企业内部的优劣势，以及在计划中必须注意的主要问题，以明确公司的优劣势以及公司今后的发展方向。

4. 营销目标

营销目标是营销计划的核心部分，是在分析营销现状并预测未来的基础上制定的。营销目标也就是在本计划期内要达到的目标，主要包括市场目标、销售目标和利润目标，具体有市场占有率、销售额、利润率、投资收益率等，所有目标都应尽量以定量的形式表达，明确具体、具有可衡量性、可行性和协调一致性。

5. 营销策略

营销策略是完成计划目标的主要营销途径或手段，包括目标市场的选择和市场定位策略、营销组合策略、费用水平预估等。

6. 行动方案

营销策略还要转化成具体的行动方案，内容包括：（1）具体要做些什么？（2）什么时候开始及完成？（3）谁来负责？（4）需要花费多少等。要把每项活动都列出详细的行动方案，以便于实施和检查。

7. 预算

概述营销计划中所预期的财务收益情况，编制各项收支的预算，上层领导负责审批预算。

8. 控制

营销计划的最后部分，说明企业如何对计划的实施过程、进度进行管理，是对计划执行过程的控制。常见的情况是将计划规定的目标和预算按月份或按季度分解，以便于企业的上层管理部门进行有效的监督检查，督促未完成任务的部门改进工作，以确保营销计划的完成。

二、市场营销计划制订的方式

目前一般有两种方式，即传统式和滚动式：

1. 传统式

各期的计划相互独立，在前一期计划执行期制订下期计划，如果是年计划，那就在当年年末制订明年年初的计划，如果是季度计划，那就在本季度制订下一个季度的计划。

2. 滚动式

根据计划的执行情况和各种因素的不断变化情况定期修改和调整计划，并使其逐期向前推移。滚动式方式使计划更加切合实际，可以将近期计划与远期计划相结合，使各时期的计划有更好的连贯性和延续性，同时还增加了计划的弹性，可以提高企业的应变能力，这对于受环境影响变化比较明显的单位更加适合。比如公司制订了一个五年滚动计划，每完成一年甚至一个季度，都可以向前延伸一年或者一个季度，使企业基本上一直能保持一个完整的五年计划。

三、市场营销计划执行

市场营销计划执行是将市场营销计划转化为行动方案的过程，并保证这种任务的完成，以实现计划的既定目标。市场营销计划的执行是要解决“由谁去做”“在什么地方做”和“怎么做”的问题。营销计划执行的基本要求是全面均衡地完成计划，既要保证营销计划的各项指标在计划期内完成，又要保证按时完成。一个好的营销计划，如果执行不当，就会使整个计划受损。

（一）市场营销计划执行步骤

这里就一般的过程进行简单概述，主要过程如下：

1. 制订行动方案

为了有效地实施市场营销战略，必须制订详细的行动方案，这是有效实施营销计划的首要条件。行动方案应该详细具体，明确市场营销战略实施的关键性决策和任务，并将执行这些决策和任务的责任落实到个人或小组。同时应包含具体的时间表，定出执行的确切时间。

2. 建立组织结构

合理的组织结构在营销战略和营销计划的执行过程中有决定性的作用。组织将战略实施的任务分解并分配给具体的部门和人员，规定明确的职权界限和信息沟通渠道，协调企业内部的各项决策、行动以及各部门之间的关系。企业的战略不同，相应建立的组织结构也应有所不同。也就是说，组织结构必须同企业战略相一致，必须同企业本身的特点和环境相适应。

3. 设计决策和激励制度

为实施市场营销战略，还必须设计相应的决策、工作和激励制度。这些制度直接关系到营销计划实施的成败。

4. 开发人力资源

市场营销执行最终是由企业的工作人员来具体完成，所以人力资源的开发至关重要。这涉及人员的考核、选拔、分配、培训和激励等问题。在考核、选拔管理人员时，要注意适当的工作分配给适当的人，做到人尽其才；为了激励员工的积极性，必须建立完善的工资、福利和奖惩制度。此外，企业还必须决定行政管理人员、业务管理人员和一线人员之间的比例。

5. 企业文化和管理风格

企业文化是指一个企业在长期的经营活动中逐步形成的，全体人员共同持有和遵循的价值标准、基本信念和行为准则。企业文化对企业经营思想和领导风格、对员工的工作态度和作风均起着决定性的作用。与企业文化紧密关联的是企业的管理风格。有些属于集权型，有些属于分权型。这两种对立的管理风格各有利弊。不同的战略要求不同的管理风格，这主要取决于企业的战略任务、组织结构、人员和环境。企业文化和领导风格一旦形成，就具有相对稳定性和连续性，不易改变。因此，企业战略通常是适应企业文化和管理风格来制定的，企业原有的文化和风格不宜轻易改变。

为了有效地实施市场营销战略，企业的行动方案、组织结构、决策和报酬制度、人力资源、企业文化和管理风格这几大要素必须协调一致、相互配合，才能使营销计划得以成功执行。

【延伸阅读】

企业文化是软环境，渗透到了公司的每一个环节和员工，是公司最为看重的坚实地基。毫不夸张地说，一个没有企业文化的企业肯定是永远长不大的企业；一个长大了但没有健康企业文化的企业，也会在摇摆中不断丧失自己的力量。对正在创业的小企业而言，企业文化的建设更为重要。否则，连长不大的原因都找不到。小企业创立初期，规模还小，需要解决的问题很多，很多创业者觉得条件还不成熟，企业文化建设不是急需解决的问题，因而忽略、不重视企业文化建设是很多小企业的通病。然而事实上，任何一个创业者在潜意识上都必须要重视企业文化：作为老板，你是不是整天考虑如何让员工愿意和你同舟共济、如何让他们提高工作效率、如何让员工认同你的企业发展目标并为之奋斗？其实每个老板都会考虑企业凭什么来凝聚员工，这就是企业文化要解决的问题。

一般而言，企业文化建设要经过几个阶段：自发形成阶段、塑造阶段、培育阶段、巩固阶段和创新阶段，最后又回到培育和巩固阶段。自发形成阶段一般时间较长，这段时间一般是企业的创业时期，大部分创业者只顾着资金的积累，忽略了文化的建设。所以如果企业一开始就重视企业文化建设，塑造一种强势和个性的企业文化，那文化自发形成的阶段就会大大缩短，从而促进企业的快速健康发展。这就是为什么有的企业不仅能够生存下去，而且能够成为卓越公司，而有的企业却与成功失之交臂。企业文化的建设在很大程度上要与企业的人力资源管理相结合，才能将抽象的核心价值观通过与具体的管理行为相结合，真正得到员工的认同，并由员工的行为传达到外界，形成在企业内、外部获得广泛认同的企业文化，真正树立公司外部形象。具体过程如下：

1. 成立企业文化研究部，开始调查分析现有文化状况，了解企业的文化历史和环境条件，以一定的标准来诊断公司现实的文化与文化建设现状。

2. 分析公司的行业特征、使命、远景与战略，通过对“企业文化要素”的界定，对企业文化进行再定位。

3. 在成功地定位企业文化之后提炼科学、简练、准确的核心价值观，这就是企业文化的精神层面。

4. 以核心价值观为中心，在宣传与贯彻中形成相应的典型案例，并且构造一种能复制与放大核心价值观的机制与策略，这就是运用人力资源管理的具体策略（任用、培训、绩效与激励、沟通等）。将核心价值观灌输到员工的头脑中、体现在员工的行动上，并结合公司战略与目标，形成公司的管理制度体系，这就是公司文化的行为和制度层面。

四、市场营销计划制订与执行中的问题

市场营销计划执行是一个艰巨而又复杂的过程，营销计划及有效执行对于企业的经营成功有着不容置疑的价值和意义。然而在计

划与执行过程中企业经常面临一些困惑和挑战。

(一) 计划脱离实际

计划通常由上层专业计划人员制订，实施则主要靠基层人员——管理人员和销售人员。专业计划人员更多考虑的是总体方案和原则性要求，容易忽视过程和实施的细节，使计划过于笼统和流于形式；专业计划人员不了解实施中的具体问题，计划难免脱离实际。专业计划人员与基层人员之间缺乏交流和沟通，操作人员不能完全理解需要他们贯彻的计划内涵，实施中经常遇到困难等，导致专业计划人员和基层人员的对立。

所以，尽可能让计划的执行者参与计划制订过程，第一，参与者会从实际情况出发去进行资源分配以确保计划落实；第二，消除了“计划是高层管理者或者上边的人强加下来的”的想法；第三，计划过程成为其工作中的重要部分，避免为早日回到“实际”的业务而敷衍了事的做法，更有利于营销计划实施。

(二) 长期目标和短期目标矛盾

计划常常涉及长期目标；企业评估和奖励营销人员，通常又根据他们的短期绩效，因此不得不选择短期行为。例如新产品开发之所以半途夭折，很可能就是营销人员追求眼前效益和个人奖金，将资源主要投放到现有的成熟产品。

克服长期目标和短期目标之间的矛盾，用全局的观念来把握营销推广兼顾局部和整体，整合长期和近期目标。如果资金有限，可以通过减少产品种类、降低采购成本、降低推广费用等使企业维持足够的流动资金。求得长期目标和短期目标之间的协调，是十分重要，也是一项十分艰难的任务。

(三) 因循守旧和惰性

一般来说，新战略、新计划如果不符合传统习惯，就容易遭受抵制。新旧战略、计划的差异越大，实施中可能遇到的阻力也越大。计划之所以能产生成果，主要得益于资源的运用和调配、是否能有人分别推进。尤其是得力的人，例如各部门的骨干。

所以，要实施与旧战略截然不同的新计划，常常需要打破传统组织结构和流程。在计划落实也就是执行过程中，要由专人负责某事，负有责任定有限期。而且成果的考核回馈也不可或缺。

（四）缺乏具体、明确的行动方案

没有一个使内部各有关部门、环节协调一致、共同努力的依据。有些计划之所以失败，是因为计划人员没有制定明确而又具体的执行方案。实践证明一个企业成功与否，首先取决于环境提供的机会、目标、战略、组织结构和制度等要素之间的协调。通过分析外部环境，尤其是识别机会和威胁，企业发展出经营目标，并决定实现目标的战略，制订计划。

案例 4—1 一汽奔腾打造低调风格、高端品质

中国市场每年上市上百款新车，如果在营销方面没有独到之处，企业很难立足。一汽奔腾给人的印象一直很“沉稳、低调”，在制订和执行营销计划的过程中稳扎稳打，夯实基础，明确目标，以准确的市场定位和造车理念，打造市场最认可、消费者最需要的车型，并且不断加深与消费者的沟通，积累了深厚的市场根基，成功吸引了消费者的眼球。

2009 年，一汽奔腾生产的奔腾 B50 在空间、平台、安全、造型、动力、科技以及综合品质方面实现对同级别车型的全面超越，打造市场最认可、消费者最需要的车型，最终赢来 10 万用户的拥戴；近期推出的 2011 款奔腾 B50，在价格不变的前提下，实现性能、配置、外观、内饰四大领域累计多达 171 项商品升级，提高驾乘舒适性、“伴我回家”大灯延时功能等处处彰显人性化魅力，同时外观也更趋时尚。在当下各种花哨的营销手段面前，奔腾没有一味地追求高利润或技术噱头，而是专心做好产品和服务，同时很注意传播的一致性，2009 年在奔腾 B50 的上市活动上，企业邀请了 5 家网络媒体进行现场直播，工作人员将会场的精彩画面制作成视频片段，与网友进行互动竞猜和答题活动，活动取得了 30 多万的点击量。此外，企业还经常组织一些线下的车主活动。如果不是奔腾 B50 的目标客户，大概不会注意到这些营销活动，如果是目标客户，那一定会被奔腾的营销活动所吸引。

专家点评

从客户角度出发，明确市场定位，本着务实和认真的态度推进生产经营，扎实制订并执行行之有效的营销计划，无论是任何一款车型、任何一个品牌，若是遵循奔腾的造车理念和营销之道，都一定会获得成功。

第二节　市场营销组织

> 事在人为耳，彼朽骨者何知。
>
> ——冯梦龙

公司所制订的市场营销计划最后必须被忠实有效地执行，这便是营销管理的核心职能所在。在将营销计划转化为实际行动和任务的过程中，企业需要建立一个能够成功执行计划的组织，管理者需要准确提炼企业相关部门的核心职能，形成畅通高效的管理平台，保障计划顺利有效地开展。下面我们就市场营销的组织做一简单的介绍。

一、市场营销组织设置原则

企业在设置或调整市场营销组织时，应遵循以下原则：

1. 坚持“以人为本”，全心全意为顾客服务的原则

设置企业的市场营销组织要有利于为顾客服务，有利于满足顾客的需要。一些顾客所需的组织，如咨询、技术服务组织等不能削弱，应该加强。

2. 坚持“民主集中”，统一领导和分级管理相结合的原则

对于一些重大问题，权限应集中在企业高层，实行统一领导。同时也要分级管理把权力适当分散，使各级市场营销管理组织在规定的职权范围内，能灵活地处理与本身有关的业务，并把责、权、利结合起来以保证各项市场营销任务的完成。

3. 坚持“有机统一”，合理分工与紧密协作相结合的原则

企业的市场营销部门是个有机的整体，各项市场营销和管理业务之间存在着相互制约、相互促进的密切关系。建立市场营销组织应从市场营销和管理业务的性质出发，明确各种业务职能的分工关系，划清它们的职责范围，在合理分工的基础上，各种业务职能的岗位之间都要有良好的协作关系。

4. 坚持“有效性”，营销目标和营销效率相结合的原则

企业的市场营销组织能够使人们在实现企业市场营销目标中作出贡献就是有效的。市场营销组织要做到责权对等；要建立良好的信息传递和沟通渠道；要能使上情下达，下情上达，外情内达，加

强纵向和横向联系；要能调动市场营销人员的积极性，节约费用，提高市场营销组织的办事效率和企业的经济效益。

在上述原则之上，还应该知道影响企业市场营销组织设置的因素，主要有以下三个：

1. 市场特点

由于外部环境是企业的不可控因素，市场营销组织的设置必须首先考虑当前企业所面临的外部环境及其发展趋势。

2. 企业规模

企业规模决定了营销组织设置层次的多少。小规模企业，营销组织较为简单，进行销售的人员只有几个到十几个；大企业营销组织层次多，所管理的营销人员多，管理幅度大。

3. 产品类型

企业生产产品的类型也会影响营销组织的设置，尤其是营销工作侧重点的不同。例如，工业品和消费品生产企业的营销组织都倾向于产品型的组织结构，但工业品多采用人员推广，消费品多用广告和分销。

二、营销组织形式

现代营销部门呈现出多种形式，但所有的市场营销组织都必须与营销活动的各个领域——职能、地域、产品和消费者市场相适应。

1. 功能式组织

企业按市场营销各职能设置组织部门，这是最常见的营销组织形式。功能式组织的优点是层次简化、结构简单、管理方便。它主要适用于产品种类不多，对相关专门知识要求不高，或经营地区情况差别不大的企业。基于不同功能的市场营销组织，如图 4—1 所示。

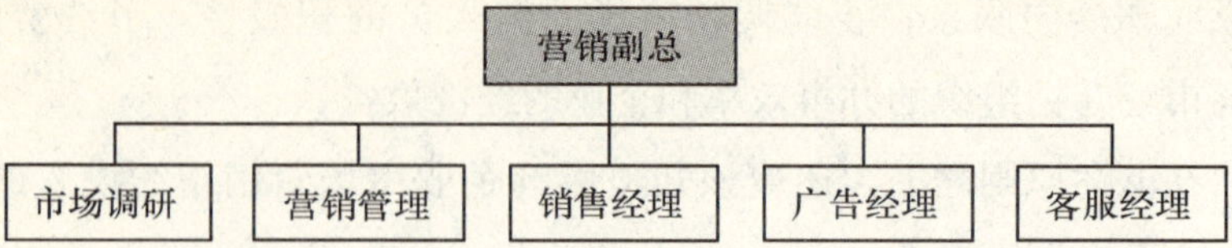

图 4—1 基于不同功能的市场营销组织

这种结构经常出现在产品种类有限、市场区域覆盖面较窄的公司中。这种组织形式的优点是易于管理。但另一方面，这种形式在产品及其市场成熟后就失去了效用，因为有可能：（1）制定的规划与具体的产品及市场不相适应，没有人对某种产品或某个市场负完全责任，不受职能性专业人员欢迎的产品常被漏掉；（2）每个职能群体都争取能获得更多的预算和更高的地位，营销经理不得不经常仔细地审查职能性专业人员的有竞争力的主张，并解决难以协调的问题。

2. 地区型组织

一个从事全国范围销售的公司，通常都按地理区域安排销售队伍。这种形式适用于销售区域大而经营品种单一的企业。一个全国性销售经理可以负责 4 个地区销售经理，他们又分别负责 6 个区域经理，每个区域销售经理又分别负责 8 个小区经理，后者每人又分别负责 10 个销售人员。在这种组织内部，为避免职能部门重复，市场调研、广告、行政管理等仍归属原职能部门，且与地区部门并列。优点在于可充分发挥每一地区部门熟悉该地区情况的优势。不足之处在于，当产品种类较多时，很难按不同产品的使用对象来综合考虑，各地区的活动也难于协调。在广泛地理区域开发产品市场的公司适合采用这种组织形式。特别适合于公司的产品范围有限，具有同质特点，并且需要迅速覆盖许多地区的情况。

3. 产品和品牌管理组织

生产不同产品或品牌的公司往往要设立产品管理组织，这种产品管理组织并没有取代功能型组织，只不过是增加一个管理层。这种组织的主要目的是为了满足产品及其支持技术的特殊要求。产品是多种多样的、复杂的，它们代表着公司的竞争优势。产品的知名度是发展公司与客户间有效关系的基础。由于专业化和力量集中，将更多资源用于产品组合可能带来许多效益。这种组织形式的优点是各类产品责任明确，由于产品互不关联，彼此相互干扰不大，且组织形式灵活，增加新产品时，增加一个部即可。而且产品经理能够将产品营销组合的各个要素较好地协调起来，更快地就市场上出现的问题做出反应。缺点是缺乏地区概念，各产品部不可能对每一地区都能兼顾并做出适当反应。而且产品经理们未能获得足够必要的权威，以保证他们有效地履行自己的职责，影响了产品长期优势的建立。

4. 市场式组织

又叫“顾客式组织”，企业按照产品所销售的市场对象设立市场营销组织，由专人负责不同的市场业务。与产品和品牌管理组织相类似，它体现了以市场为中心的现代营销指导思想，使企业能够围绕不同消费者群的需要组织市场营销活动，而不是把精力集中在产品、地区或者营销功能上。这种组织的优点是便于根据不同市场的需求开展不同的市场研究，有针对性地组织市场营销活动，更好地满足不同顾客群的需要，而不是集中于营销职能、地区或产品本身。

5. 产品—市场复合式组织

对于生产多种产品、分别向各个不同的市场出售的企业来说，在选择市场营销组织形式时，往往面临着市场多样化和产品多样化的需求，单独采取产品式组织或者单独采取市场式组织，都存在着一定的不合理，因此需要建立一种复合型市场营销组织。也就是产品—市场相结合的两维矩阵组织，这里以杜邦公司在纺织部门的复合型组织为例，如图 4—2 所示。

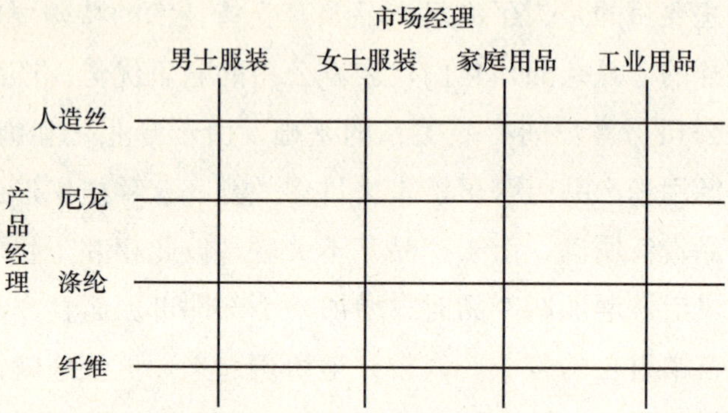

图 4—2 产品—市场复合式组织

6. 事业部组织

当企业规模不断扩大，营销的产品种类日益多样化时，公司常将其产品—市场管理集群转变为独立事业部，它们再分设自己的职能部门和服务部门。一般公司的营销组织可采取以下三个模式：(1) 不设公司营销部门。一些公司不设公司一级的营销人员，他们觉得在公司一级营销人员没有什么用处，因为各事业部都有自己的营销组织。(2) 保持适度的营销组织。(3) 保留强大的营销部门。

【延伸阅读】

营销部门建立思考

营销活动要在企业组织结构之间有效运转首先要弄清楚三个问题。首先，考虑“企业是否要设立一个独立的营销部门”。如果企业觉得有必要并且已经设立了一个独立的营销部门，就要思考决定这个营销部门的“责任范围”。一旦决定了营销部门的责任范围，接下来需要决定“营销部门要如何组成以及其中的成员各自负责的事务”。

如果觉得设立一个独立的营销部门并不适当的话，则在企业组织内塑造与维持一个强有力的营销导向与领导就会变得更加重要。

案例 4—2　　美国 GE 的组织机构变迁

美国 GE 的组织机构变迁经过了三个阶段：一是 20 世纪 60 年代的分权运作，促进了主业的增长和经营的多样化；二是 20 世纪 70 年代根据公司总财源的分配来安排下属单位的战略需求，让各下属公司建立战略事业单位，使全公司扩大了规模、增加了产品的种类并使利润持续不断地增长；三是到 20 世纪 80 年代进入战略经营管理时期，对前两个阶段的组织模式不断进行修正。

1972 年起任 GE 董事长的雷金纳德·琼斯于 1978 年再次改组了公司的体制，实行“执行部制”，也就是“超事业部制”。这种体制就是在各个事业部上再建立一些“超事业部”，来统辖和协调各事业部的活动，也就是在事业部的上面又多了一级管理。在改组后的体制中，董事长琼斯和两名副董事长组成最高领导机构执行局，专管长期战略计划，负责和政府打交道，以及研究税制等问题。执行局下面设 5 个“执行部”，每个执行部由一名副总裁负责。执行部下共设有 9 个总部（实为集团），50 个事业部，49 个战略事业单位。各事业部的日常事务，以至有关市场、产品、技术、顾客等方面的战略决策，以前都必须向公司最高领导机构报告，而现在则分别向各执行部报告就行了。

韦尔奇接替琼斯后，对组织结构又做了大幅度的重新设计。他把组织的层级比作毛衣，当人外出穿了四件毛衣的时候，就很难感觉到外面的天气有多冷了。因此，韦尔奇撤销了事业部之上的管理机构，废除了战略事业单位，使自己能够和事业部的领导人直接互动。

专家点评

这个新秩序的主要效果，就是赋予独立自主的事业部主管以权力，特别是大幅度扩大他们在资本配置上的权力，而这是管理上最重要的功能之一。改革以前，GE的组织就像多层的结婚蛋糕，改革后它像一个车轮，在中间有个轮轴，其外有轮辐向外延伸扩大。

三、营销部门与其他部门的关系

公司的各个职能部门应当协调地紧密配合，以实现公司的总体目标。但实际上，企业内部各部门间却存在激烈的竞争和严重的误解，从而削弱了公司总体战斗力。市场营销部门和其他部门有分歧，主要是因为营销部门的工作是以顾客为核心，其他部门则强调自己部门任务的重要性，导致各部门都从自己的角度去考虑公司的目标和各种问题，这样分歧就无法避免了。这里以传统的企业的部门为例给大家简单介绍一下营销部门与其他部门之间的关系：

1. 营销与研发部门的关系

研发部门喜欢攻克技术难题而对销售能否获利不很关心，而营销部门是喜欢看到有更多的具有销售特色的新产品向客户推销，他们注重产品的成本。这种对研发工作认知上的差异会阻碍他们之间有效的协同配合。为了克服这些障碍，两个部门可以共同举办研讨会，对于新项目，让双方人员都参与进来，在整个项目研究过程中密切配合，并在项目执行的初期，共同确定营销计划的目标。营销部门与研发部门的合作，要一直延续到销售时期，包括制定复杂的技术手册，向客户做售后调查，甚至做一些销售工作。

2. 营销与技术部门的关系

技术部门负责寻找设计新产品和生产新产品过程中所需要的工艺或方法。工程师们对技术的质量、较低的成本和简便的制造工艺感兴趣。营销部门希望生产多种型号的产品，特别是希望用定制件去生产特色产品时，两者就会产生矛盾。要解决这些矛盾，重点是加强沟通，在整个新产品的设计和生产过程中应有营销人员的参与，这样工程师们可以多一些了解市场上客户的需求，同时营销人员也可以明白过多的定制会导致成本的攀升。

3. 营销与采购部门的关系

采购经理负责以尽可能低的价格买到所需数量和所要求质量的原材料或元件。而营销部门希望订购的材料或元件质量过硬，而且在一条产品线里同时推出多种型号的产品，这需要进行许多库存品种的小批量采购，而不是少数品种的大批量采购。有时因销售人员不准确的预测会使得采购部门在不利的价格条件下仓促订货，从而导致过多的库存积压。

4. 营销与制造部门的关系

制造部门负责使工厂顺利生产，在恰当的时候，以恰当的成本生产所需数量的产品。营销部门可能向客户许诺的服务内容超出了合理的范围，并且对为满足客户的要求导致的生产成本上升却不关心。实际上，公司的赢利能力很大程度上取决于制造和营销部门间的良好关系。营销人员必须了解诸如弹性工厂、自动化、准点生产、质量管理小组等的营销潜力。

5. 营销与财务部门的关系

财务部门人员认为营销部门要求大笔的预算用于广告、促销活动和推销人员的开支，但却不能保证能增加多少销售额。营销部门却认为财务不肯花钱用于长期市场开发的投资，以至于错过了许多宝贵的机会。要解决这些问题，需要对营销人员多进行一些财务知识的培训并对财务人员进行营销知识培训。

6. 营销与会计部门的关系

会计人员反感营销部门不及时提交销售报表，尤其不喜欢销售部门与客户达成有特殊条款的交易，因为这需要特殊的会计手续。营销部门则不喜欢会计人员把固定成本分摊到不同产品上，认为会计部门给它们分摊了较多的管理费用，否则其主管产品的实际利润会高于账面利润。

四、建立全公司营销导向的战略

在激烈的竞争中，许多公司意识到市场营销不仅是市场营销部门的职能，而且是所有部门的职能；即使最好的营销部门，也无法弥补因其他部门缺乏对消费者的重视而带来的损失。

1. 全公司营销导向公司的标准

要实现这个目标是很难的，它并不是仅仅停留在口头上，更应体现在工作中，这种变化首先从观念开始。这里以几个部门为例做一简单介绍：

销售部门要研究客户需求和欲望，以便更好地把握细分市场；从目标市场的长期利润潜力出发来分配营销资源；为每个目标市场开发能带来赢利的产品；不间断地评价公司的形象和客户满意度；不断地收集和评估新产品创意、产品改进和服务，以满足客户需要；通过有效的沟通，影响其他部门的人员建立以客户为中心的价值观念。

研究开发人员应花费时间倾听顾客意见，征求顾客反应和建议作为项目方案；对营销部门、制造部门及其他部门的目标是支持并积极参与；以最好的竞争产品为基准，并寻求该行业中的最佳解决方案；在市场反馈的基础上不断地改进和完善产品。

制造部门可以邀请顾客参观工厂；拜访客户的工厂以观察客户是怎样使用自己产品的；为了准时交货，会进行加班作业；努力寻找高效率和低成本的产品；不断改进产品质量，实现零缺陷；只要能提升公司的竞争和赢利能力，可以为客户定制其所要求的产品。

采购部门预先积极地寻找最好的供应商；同能够提供高质量的供应商建立长期关系；与销售部门积极沟通不会为了节约成本而降低质量标准。

财务部门应定期提供赢利能力报告，包括产品、细分市场、区域、订货数量和个别客户情况；与营销部门共同商议支持用于营销投资的费用开支，这些投资有助于产生长期的客户偏好与忠诚；并对客户的信用进行快速决策。

2. 建立全公司营销导向公司

创造一个全公司营销导向公司可采取如下具体措施：

（1）让所有部门经理接受以顾客为中心的理念。

（2）建立完善的营销总部。

（3）争取各界的帮助和指导。营销总部在建立公司营销文化方面，可以请教咨询公司的有关专家，或向其他营销导向公司学习。

（4）建立合理的绩效机制。要改变各部门的工作行为，必须先改变公司的奖励机制。

（5）聘请营销专家。考虑从外部聘请营销专家，尤其是在领先的营销公司中工作的专家。

（6）加强内部营销培训。举办营销知识培训班，把营销观念和技能灌输给高层管理人员、各部门经理以及公司员工。

(7) 建立现代营销计划制度。培养部门经理们考虑营销问题的最好方法，是建立现代营销计划工作制度，计划工作的程序迫使经理们思考市场营销环境、机会、竞争趋势和营销的其他问题。

(8) 建立年度营销绩效考评制度。

(9) 将产品导向型企业改组为市场导向型企业。

(10) 从对部门管理变为对过程和结果的管理。公司应清楚了解业务完成的基本过程。

【延伸阅读】

设计有关制度，才能有效地实施战略、达成目标。

1. 部门协作制度。用于实现内部相互依赖关系：加强参与决策、形成决策过程中相关部门的沟通和联系，围绕营销计划的重点，解决好各部门之间的协作关系，在部门之间确立合同关系，明确责任权利，或者采取项目小组的形式开展工作提高营销计划的运作效率。比如新产品的广告宣传，参与的部门涉及市场、生产、销售等。要提高新产品的推广和销售，一方面要确立市场部在新产品推广过程中的领导关系；另一方面又可以通过责任书的确认，使其他部门都能按照期限完成提供新产品信息情报，新产品通路建设等各环节的工作。

2. 绩效考核制度。用于激励任务的完成：将营销计划要达到的目标和分解的具体任务，与人员的绩效考核联系起来由此来规范和激励营销人员。比如营销计划要开展深度分销可以制定一个铺货率的考核要求。使营销人员的工作重点放到提高铺货率上来。对销售人员进行绩效考核管理，一方面是决定销售人员报酬、奖惩、淘汰与升迁的重要依据；另一方面是通过对销售人员的业绩进行分析和总结，帮助他们提高业绩。

第三节 市场营销控制

> 企业的发展战略之道，在于不断地适时而变，灵活调整。
>
> ——松下幸之助

市场营销控制是市场营销管理的重要步骤，在营销计划的实施过程中，常常会出现许多意外情况，为了保证组织活动的过程和实际绩效与计划内容相一致，企业的管理者必须对营销计划的实施进行控制，以确保企业目标的实现。控制是组织在动态的环境中为保证既定目标的实现而采取的检查和纠偏活动。

一、市场营销控制的程序

市场营销控制是指衡量和评估营销策略与计划的成果，以及采取纠正措施以确定营销目标的完成，也就是市场营销经理经常检查市场营销计划的执行情况，看看计划与实绩是否一致，如果不一致或没有完成计划，就要找出原因所在，并采取适当措施和正确行动，以保证市场营销计划的完成。市场营销控制有四种主要类型，即年度计划控制、赢利能力控制、效率控制和战略控制。有效的市场营销控制主要包含五个具体步骤：

1. 确定控制对象

首先应该确定对哪些市场营销活动进行控制。企业通常要评价市场营销业务的各个方面，包括人员、计划、职能等，甚至市场营销全部工作的执行效果。在界定的范围内，再根据具体需要有所侧重。

2. 设置控制目标

只对控制的对象设立各种控制活动的目标，这是将计划与控制结合的主要环节。当然如果在计划中已经设立了控制目标，则可以不进行这个环节。

3. 明确控制方法

基本的检查方法是建立并积累与营销活动相关的原始资料，如各种资料报告、报表和原始账单等，它们能及时、准确、全面、系统地记载并反映企业营销的绩效。另一种方法是直接观察法。选择哪一种方法，根据实际情况而定。

4. 按标准检查工作进度

对工作完成好的部门要及时总结经验，在以后的工作中推广；任务完成较差的要及时找出问题，再针对问题提出解决方案。

5. 及时纠正偏差并提出改进建议

对工作绩效进行差异分析、对比分析，针对问题提出解决方案，及时纠正任务执行中的偏差。

二、市场营销控制的内容

市场营销控制主要包括年度计划控制、赢利能力控制、效率控制和战略控制。

(一) 年度计划控制

年度计划控制主要是检查营销活动的结果是否达到年度计划的要求，并在必要时采取调整和纠正措施。年度计划控制是一种短期控制形式，目的在于确保企业实现年度计划中预定的销售、利润和其他目标。年度计划控制的核心是目标管理。年度计划控制的内容主要有以下几个方面：

1. 销售分析

销售分析主要用于衡量和评估所制定的计划销售目标与实际销售之间的关系。就是对比实际销售与销售目标之间的差距，并找出产生偏差的原因。

（1）销售差距分析。这种办法是用来衡量不同因素对造成销售差距的影响程度。例：某公司计划本年度以 100 元的价格销售 2 000 件产品，计划销售额为 200 000 元，年底实际以 80 元的卖出 1 800 件，实际销售为 144 000 元，销售差额为 56 000 元。

因价格原因引起的差额＝（100－80）×1 800＝36 000，占 64.3％

因销售额引起的差额＝100×（2 000－1 800）＝20 000，占 35.7％

由此可见，将近 2/3 的差距是由于价格因素造成的。因此，应该进一步深入分析价格的原因。

（2）地区销售量分析。这种方法是用来衡量导致销售差距的具体地区。例：某公司在 A、B、C 三个地区的计划销售量分别为 1 500 件、500 件和 2 000 件，共 4 000 件。但实际销售量分别为 1 400 件、525 件和 1 075 件，与计划的差距分别为－6.67％、5％和－46.25％。

可见，引起销售差距的原因主要在于 C 地区销售量的大幅度减少。因此，应进一步查明减少的原因，加强对该地区营销工作的管理。

从销售差异的分析中，可以找出什么是造成该差异的原因，以便对症下药；从不同市场的销售差异中，可以辨别哪些市场对企业的发展有利；从各类产品不同的销售差异中可以找到公司扩大生产能力的方向。

2. 市场占有率分析

又称市场份额分析，销售分析不能反映出企业在市场竞争中的地位，只有市场占有率分析才能揭示出企业同其竞争者在市场竞争中的相互关系。企业的销售绩效并未反映出相对于竞争者，企业的经营状况如何。如果企业销售额增加了，可能是由于企业所处的整个经济环境的发展，或可能是因为其市场营销工作较之竞争者更为出色。一般有四种不同的度量方法：

（1）全部市场占有率，它以企业的销售额占全行业销售额的百分比来表示。

（2）服务市场占有率，以其销售额占企业所服务市场的百分比来表示。

（3）相对市场占有率（相对于三个最大竞争者），是以企业销售额对最大的三个竞争者的销售额总和的百分比来表示。

（4）相对市场占有率（相对于最大竞争者），是把企业销售额与市场最大竞争者的销售额相比。

3. 市场营销费用分析

年度计划控制不但要确保销售目标的实现，还要检查与销售有关的市场营销费用，以确定企业在达到销售目标时的费用支出。市场营销费用对销售额之比是一个主要的检查比率，其中包括销售队伍对销售额之比，广告支出对销售额之比，促销支出对销售额之比，营销调研费用对销售额之比，销售管理费用对销售额之比。营销管理人员的工作，就是密切注意这些比率，以发现是否有任何比率失去控制。当一项费用对销售额比率失去控制时，必须认真查找问题的原因。

（二）赢利能力控制

除年度计划控制外，企业还需要衡量各种产品、地区、顾客群、分销渠道和订单规模等方面的获利能力，进行利润控制。赢利能力控制是为了确定在各种产品、地区、最终顾客群和分销渠道等方面的实际获利能力。通过赢利能力控制所获取的信息，有助于管理人员决定各种产品或市场营销活动是扩展、减少还是取消。目的是为了找出影响获利的原因，以便采取相应措施，排除或削弱不利因素。进行赢利能力分析的步骤如下：

（1）损益表中的有关营销费用转化为各营销职能费用，如广告、市场调研、包装、运输、仓储等。

（2）将已划分的各营销职能费用按分析目标，如产品、地区、客户、销售人员等分别计算。

（3）拟订各分析目标的损益表。

通过赢利能力分析，可以确定公司在哪些产品、地区和市场赢利状况不好，及时找出原因并采取措施。为了有助于评估和控制营销活动，有些公司还专门设置一个“营销控制员”的岗位。营销控制员一般在财务管理和市场营销方面受过良好的专门训练，可担负复杂的财务分析及制定营销费用预算的工作。

（三）效率控制

效率控制是指企业对主要营销活动的效率进行检查、分析和评价，从中发现存在的问题，并及时纠正，以促进营销效率的提高。尤其是如果赢利能力分析显示出企业某一产品或地区所得的利润很差，那么企业就应该考虑该产品或地区在销售人员、广告、分销等环节的管理效率问题。

1. 销售队伍效率

主要指标包括每次访问平均所需时间，每个销售人员每天平均的销售访问次数，每次销售访问的平均收入、平均成本，每百次销售访问而订购的百分比，每销售发展的新顾客数、丧失的顾客数，销售成本对总销售额的百分比。

2. 广告效率

企业应该做好如下统计：比如以每种媒体和工具触及千人次为标准所花费的广告成本是多少，消费者对每一媒体工具注意、联想和阅读的百分比，消费者对广告内容和效果的意见，广告前后对品牌、产品态度的衡量，受广告影响而引起的询问次数。

企业可以采取若干步骤来改进广告效率，包括进行更加有效的产品定位，确定广告目标，利用电脑来指导广告媒体的选择，寻找较佳的媒体，以及进行广告后效果测定等。

3. 促销效率

为了改善销售促进的效率，企业应该注意对每一促销的成本和销售影响的因素，主要有以下因素：由优惠而销售的百分比，每一销售额的陈列成本，因示范而引起询问的次数等。同时企业应观察不同促销手段的效果，并使用最有效果的促销手段。

4. 分销效率

分销效率主要是对企业存货水平、仓库位置及运输方式进行分析和改进，以达到最佳配置并寻找最佳运输方式和途径。

效率控制的目的在于提高人员推销、广告、促销和分销等市场营销活动的效率，市场营销经理必须关注若干关键比率，这些比率表明上述市场营销职能执行的有效性，显示出应该如何采取措施改进执行情况。

（四）战略控制

市场营销环境变化很快，往往会使企业制定的目标、策略、方案失去作用。因此，在企业市场营销战略实施过程中必然会出现战略控制问题。战略控制是指市场营销经理采取一系列行动，使实际市场营销工作与原规划尽可能一致，在控制中通过不断考评和信息反馈，对战略不断修正。战略控制的目的是确保企业的目标、政策、战略和措施与市场营销环境相适应。各个企业都有财务会计审核，在一定期间客观地对审核的财务资料或事项进行考察、询问、检查、分析，最后根据所获得的数据按照专业标准进行判断，得出结论，并提出报告。这种财务会计的控制制度有一套标准的理论、做法。但是市场营销审计尚未建立一套规范的控制系统，有些企业往往只是在遇到危急情况时才进行，其目的是为了解决一些临时性的问题。目前越来越多的企业运用市场营销审计进行战略控制。

【延伸阅读】

营销审计

又称市场营销稽核、市场营销审核。营销控制的目的是确保公司目标、政策、战略和措施与市场营销环境相适应，因为在复杂多变的市场环境中，原来制定的目标和策略往往很快就过时。因此，每个公司都应利用一种被称为“营销审计”的工具，批判性地定期重新评估公司的战略计划及其执行情况。营销审计是对营销环境、目标、战略和市场营销活动诸方面进行的独立的、系统的、综合的定期审查，以发现营销机会，找出问题所在，提出改善销售工作的行动计划和建议。

营销审计不是只审查几个出问题的地方，而是覆盖整个营销环境、内部营销系统以至具体营销活动的所有方面。营销审计通常是由公司某个相对独立的、富有经验的营销审计机构进行的。营销审计是定期进行的，而不是出现问题时才采取行动。营销审计不仅能为那些陷入困境的公司带来效益，而且同样能为那些营销卓有成效的公司增加效益。

本章小结

创业的知识准备	
市场营销计划	•
市场营销组织	•
市场营销控制	•

课后思考题

(1) 在你的企业创业之初，如何制订市场营销计划？

(2) 市场营销组织机构模式有几种？

(3) 简述市场营销控制的程序。如何有效地控制营销活动？

第五章

市场营销的保障

学习目标：

通过本章的学习，你将能够了解：

企业形象的内涵及提升

如何培养创业领袖气质

如何塑造优秀的营销团队

第一节 高情远致树形象

评价和赞誉是用户和社会各界对海尔的肯定，但它是对海尔过去的做法的肯定，我们有一句话，叫做从不回头欣赏自己的脚印。

——张瑞敏

一、企业形象的内涵

企业形象是指企业作为一个社会组织在它所涉及公众心目中的形象。社会公众在和企业接触过程中，对企业的各种标志如产品特点、服务水准、行销策略、员工素质、商标名称和办公设施等形成看法和评价，从而建立起对企业的总体印象。对于创业企业而言，树立良好的企业形象对于今后开拓市场、争取潜在顾客等有着积极深远的影响。

总体上说，高效、优质、良好服务、合理赢利、重视公益等是企业形象的普遍要素。当然不同行业之间存在一些差异，具有各自不同的特点。如食品行业，企业形象的要素是安全生产、规模化和技术过关；服装纺织行业对安定性、可信度和销售网实力有较高要求。

企业在为社会提供优良的产品和服务的同时，也要通过各种宣传手段向公众介绍、宣传自己。所以企业形象作为一个有机整体，往往由两个维度和若干要素构成，即企业的内在精神和外显标志这两个方面。

（一）内在精神

内在精神是企业长期积累而成的气质和风格，是企业文化的一种综合表现，是企业形象的支柱。它由以下几方面构成：

1. 积极的社会观和价值观

企业要具备积极正确的社会观和价值观，不仅在营销活动中树立良好的形象，同时还要积极关注社会问题，承担一定的社会责任与义务，参与公益，为社会的发展贡献一份力量。这样在造福民生和社会的同时，也为企业自身赢得社会公众的普遍好感。

2. 创新与开拓精神

企业不能墨守成规，而是要勇于探索、锐意进取，鼓励创新，适应社会环境变化和市场经济的需要，不断推出新产品、提升服务、丰富特色，提高吸引力，争取占据行业间的优先地位。

3. 追求产品和服务质量

企业在生产经营过程中要精益求精，产品和服务水平尽量追求卓越，并以不断提高质量作为企业的奋斗目标。

4. 经营管理特色

企业要有一套行之有效、具有特点的科学管理方法和用人之道，赢得员工满意，获得同行称赞，得到顾客认可。

5. 诚实、正派的作风和态度

企业要在公平条件下竞争，对待公众诚恳不玩弄权术，不搞小动作，做到遵纪守法、买卖公平、服务周到。诚实的、正派的竞争态度和经营作风是企业形象的根基所在。

(二) 外显标志

外在标志是通过符号、图像、具体物品等来体现的，便于传播、便于记忆的象征性标记让公众的外部器官感知到对企业的反映，从而加深对企业的印象。主要由以下几方面构成：

1. 企业名称

无论是企业名称还是企业所生产产品的名称，都要尽量上口、容易记忆、字样力求美观、有寓意，这是树立企业形象的第一步。企业的名称应易懂好记、清新醒目、寓意深刻；避免那种空洞、乏味、概念化而无特色的名称。同时要注意，名称一经采用，就不要轻易变动。一些拥有名牌产品的企业有意识地将产品牌号与企业名称统一起来，实现相得益彰的效果，如美国可口可乐公司和它的可口可乐饮料。

2. 产品和服务

产品的质量、性能和用途是最能体现企业形象的事物。劣质的产品和冷淡的服务态度很难给公众留下良好的印象。

3. 企业的标记

包括商标和组织的徽标，商标是企业的财富，是信用的象征和品质的保证。商标和徽标在各种场合下均应统一，不能轻易更换。由于企业标记有容易识别、记忆、欣赏和制作的特点，因而在企业保证信誉，树立形象，加强交流方面起着举足轻重的作用。企业可以设计各具特色的标志作为自己的象征，用独到的艺术构思给人留下美好的印象，以达到加深公众感知的目的。

4. 广告

广告是树立企业形象的重要传播手段，广告设计时的特色和印象应与组织的特色和印象保持一致，风格统一。同时适当变化内容与形式，以求信息的新鲜感，但不离开一个固定的主题。

5. 标准色

颜色在人的感知中起着重要的作用，故一个企业可选择一种色调作为代表色，形成组织的特有风格，用于企业与外界交流的各个方面，如办公室、店铺、包装系统、广告、工作服装等，加深公众的感知印象。

6. 环境设施

企业的建筑式样和门面装潢犹如企业的面孔和仪表，既要体现特征和风格，又要考虑审美因素。舒适优美的环境布置、先进的营业设施不论在生理上还是心理上都能影响顾客和员工本身，进而直接影响到营业效果。

此外产品包装、企业规模、员工制服、名片、说明书等都影响着企业的形象。总之，企业形象的内容是全面的，它不仅仅是企业产品的形象，而且是企业总体文化的体现，在企业发展推广中起着至关重要的作用。

【延伸阅读】

在测定企业实际社会形象时，可以采取以下方法：根据企业的具体情况确定构成企业形象内容的要素，邀请被调查者将自己的看法填写在调查表内，经过汇总统计，即可初步了解企业在公众中的实际形象。示例见表5—1。

表 5—1 调查表示例

评价 项目	非常	相当	稍微	适中	稍微	相当	非常	评价 项目
1. 服务方针正直								1. 服务方针不正直
2. 办事效率高								2. 办事效率低
3. 服务态度诚恳								3. 服务态度不诚恳
4. 业务有创新								4. 业务无创新
5. 管理顾问有名气								5. 管理顾问没名气
6. 公司规模大								6. 公司规模小

二、知名度和美誉度

当前，市场竞争的较量进入了品牌竞争阶段。公众评价企业形象最基本的指标只有两个：知名度和美誉度。知名度，是指企业被社会大众知晓和了解的程度，社会影响的深度和广度。美誉度，是指企业获得公众信任、支持和赞许的程度。美誉度是建立在一定知名度基础上的，但知名度不一定会导致美誉度。某些企业的知名度来源于该企业的负面消息，如三鹿奶粉三聚氰胺事件。某一企业品牌美誉度体现了消费者忠诚度，反映着消费者对品牌价值认定的程度、心理感受，不能靠硬性广告宣传来实现。美誉度对企业具有重要的作用，可以直接带来企业的各种收益，例如提高产品的销售量、获得政府更多支持、成功招募优秀人才、在开发新市场时占尽先机等。

因此，企业要想建立良好的组织形象、增加市场占有率，要把握两方面内容，一是扩大企业知名度，二是提高企业美誉度。此外，还要增强危机公关能力，以创造良好的企业声誉，提升企业美誉度。

（一）扩大企业知名度

企业可以通过以下六个方面扩大知名度。

1. 广告宣传势在必行

企业在进行广告宣传时要全方位、多角度、多媒体、长时间的宣传，尽可能地使产品的个性特征更加突出，激发消费者的购买欲，有效地占领市场。相较于国外成熟企业和品牌而言，尚处于起飞阶段的中国品牌更应重视广告宣传，把它作为塑造名牌形象的突破口。

2. 产品品牌特色鲜明

在产品同质化的今天，强化市场细分，尤为必要。通过细分市场，能够发现进而填补市场空白，发现已有产品的缺陷和不足，按照顾客的消费需求加以改进、提高，创造出有特色、有个性、受广大顾客青睐的产品。国产品牌在国内外的竞争实践充分说明，只有深谙市场细分之道并针对目标市场打造品牌，塑造特色化、个性化品牌形象的企业，才能在与国际品牌的角逐中占有一席之地。

3. 品牌定位凸显核心价值

品牌的定位要挖掘具体产品的理念，突出其核心价值，使消费者明白购买此产品的利益点。让消费者明确、清晰地识别并记住品牌的个性和价值，在消费者心中占据无法替代的特定位置。全力维护和宣扬品牌的核心价值已成为许多国际企业创造金字招牌的秘诀。

4. 产品设计凝聚文化内涵

如果说产品的口感和制作工艺是产品硬实力的话，那么产品的文化内涵就是产品的软实力了。“万宝路”，一个代表雄性、剽悍的美国西部牛仔的品牌，风行世界几十年。那马背上桀骜不羁的牛仔形象满足了广大男性消费者对于自由与征服的感性诉求，同时将“万宝路”植入人们心中。良好的市场反映，证明了提升产品文化底蕴、进行产品感性设计对于品牌塑造的有益作用。

5. 实行企业集团化战略

为了扩大市场，壮大企业，企业必须根据资源的稀缺性，以名牌产品为核心，以市场为导向，以高新技术为依托，以骨干企业为龙头，通过兼并、联合、租赁、股份等形式组建名牌企业集团，达到优化资源配置，集中力量扩大生产规模，提高市场占有率和社会知名度。

6. 各种激励措施并用

为了提高消费者的忠诚度，企业在适当的时候通过各式各样的激励措施，保持品牌对消费者的吸引力，激发消费者的购买欲望。可以用买赠的方式回馈消费者，提高消费者的品牌忠诚度。应当及时处理消费者的投诉，消除消费者的不满，增强消费者对于企业品牌的信心。

(二) 提高企业美誉度

张瑞敏曾经说过：企业应该首先卖信誉，其次卖产品。国内有些企业产品质量很好，广告投入很大，市场占有率在短期内迅速上升，但始终无法与强势品牌抗衡。原因在于企业在具有一定知名度后，忽视了美誉度的提升，在消费者心目中缺乏吸引力。为保证长期稳定发展，企业可以通过以下途径提升美誉度。

1. 建立良好的企业信誉

信誉是企业的无形资产，当今世界排名在前的“百年企业”，之所以经久不衰，关键是在长期的经营过程中一直注重建立和维护企业良好信誉。对顾客而言，产品承诺和服务承诺是否有力，是建立良好的企业信誉最基本的条件。只有持之以恒地提供优质产品和服务，长期赢得顾客对品牌的喜爱和信赖，建立良好的企业信誉，才能提升企业美誉度。

2. 突出优秀品质

品质永远是企业的生命线，有时候，广告和促销做得越多，品牌消亡得越快。为了保证产品在行业的领先地位，建立和维护品牌的美誉度，企业应经常对产品各方面进行创新，对服务进行改进，特别对名牌产品不断进行质量改进、突破和革命。

3. 注重品牌宣传的情感化

对品牌本身所代表的特有精神进行宣传，唤起公众某种情感共鸣，使产品与消费者之间建立深厚的、割舍不断的情感联系。澳柯玛“没有最好，只有更好”，诺基亚“我们一直在努力”等宣传语，体现了品牌积极进取、勇于探索的精神。“海尔，中国造”则宣扬民族自立、自尊、自强精神，唤起中华儿女强烈的情感共鸣，对提升美誉度起到了锦上添花的作用。

【延伸阅读】

知名度和美誉度可以反映一家企业在社会公众心目中的大致形象。企业可以通过企业形象和地位四象限图来测定和反映自身情况。如图 5—1 所示，全图划分为四个象限，横轴为知名度，纵轴为美誉度。象限Ⅰ为高知名度、高美誉度；象限Ⅱ为高美誉度、低知名度；象限Ⅲ为低知名度、低美誉度；象限Ⅳ为低美誉度、高知名度。

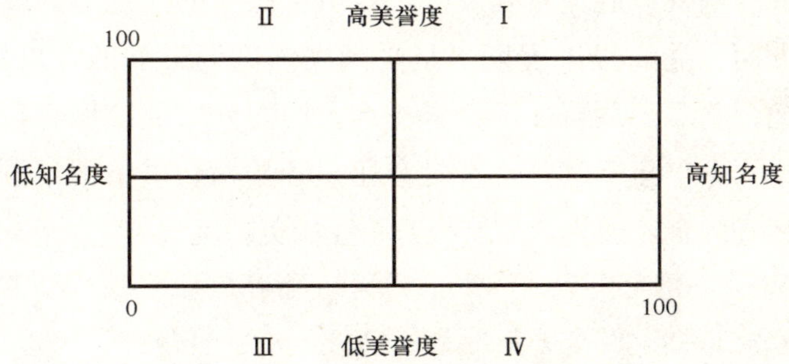

图 5—1　企业形象和地位四象限

（三）增强危机公关能力

市场是消费者的市场、公众的市场，建立良好的公共关系、拥有良好的公众形象，是企业提升竞争力的一条重要途径，企业应当制定良好的公关策略，提升企业在消费者心中的价值，与品牌发展相互促进。

企业面对的是数以千万计的消费者群体，尽管总是千方百计去迎合“上帝”，但由于“众口难调”，企业与消费者之间的矛盾，仍是不可避免的，如果矛盾处理不好，包括消费者、媒体在内的来自社会各方面的压力就会随时来临。为此，企业有必要进行危机管理，即通过自身的努力化解矛盾，并尽量消除由此造成的负面影响。

危机公关存在“24小时原则”，即对危机事件的公开反应必须在24小时之内作出并公布。当今社会，网络、媒体信息传播速度很快、传播范围很广。在危机产生时，企业回避媒体、不愿意和媒体沟通往往会引起媒体的兴趣和更大的关注。当媒体从企业处无法得到信息的时候，便会从亲历者、旁观者那里获取信息，这样的信息必然是负面的。所以企业应该制定危机管理方案，疏通各种传媒渠道。一旦发生矛盾，要沉着应对、争取主动，并借助传媒给公众以真实报道，承认自己的失误，取得媒体和消费者的谅解；并在企业内部引起足够的重视，避免重复发生，并引导媒体的注意力到改良和善后工作方面。受众很大程度上是受到媒体论调影响的，采取理智、低调和配合善后，危机才不会被扩大。国内外实践证明，客户由埋怨到满意、由牢骚到赞扬，有时会比一开始一切事情就很顺利，更能创造良好的企业声誉，更能提升企业的美誉度。

案例5—1　百度公司在危机公关上走过的弯路

2006年7月10日，百度一反平日亲和形象，以不近人情的凌厉手法发动了一场闪电式裁员风暴，在不到4个小时裁掉了整个企业软件事业部门（ES）及其近50名员工，事件经过内部员工的不断爆料和媒体大范围转载后，迅速成为业界和公众讨论的热点话题。百度裁员发生在7月10日，而媒体的海量报道大约是在13日才爆发，在这期间，百度人力资源管理部门并没有有效地与被裁员工进行沟通做善后安抚工作，也没有主动客观全面地向其利益相关者（包括竞争对手）和媒体传递信息，做好解释工作，即使海量新闻出来后，百度的回应也是非常缓慢的，这给百度的品牌形象带来了恶劣影响。

“闪电裁员”事件尚未处理完毕，百度又陷入与天极网的诉讼旋涡之中。2006年9月，IT专业网站天极指责百度恶意操纵搜索结果排名——将“天极下载”“天极软件网”等关键词指向已被百度收购的“天空下载”网站等错误，要求其道歉。百度未直面回应搜索结果的链接问题，而是指责天极炒作并反诉天极网不正当竞争。这与前段百度面对其闪电裁员质疑时的做法——不直面相关问题反与搜狐公司大打口水仗在处理手法上如出一辙，看似在转移大众视线，反而使得大众对百度做法的负面评价不断——“一会儿CFO出面解释，一会儿又是人力资源的负责人参加网上论坛辟谣。官方的解释语出多门，并抱怨‘不理智的离职员工对百度伤害很大’。”一系列措施使得本来一件并不复杂的事情掀起了一场轩然大波，引来了人们对百度企业形象和领导层管理的能力的质疑。

专家点评

百度的管理团队从人员架构上看并不缺少什么，可似乎没有一个人曾经在数千人的大公司干过管理。百度应该对其管理体系和架构进行反思和改善，一系列事件表明百度并没有一套危机公关的预案准备，更别说什么相应的策略和方法。“解散企业软件事业部，百度是为了更加专注于搜索”，这是百度对于裁员的解释。彻底放弃从长远看可能是最好的选择，但是短期肯定会带来阵痛，引发员工、业界甚至社会上的争议和指责。这种策略，从企业形象上，至少短期是受伤害的。

三、企业市场占有率

企业的社会知名度、社会形象是企业生存与发展的根本所在。而企业的产品市场占有率，则是体现企业社会知名度和社会形象的重要标志，它展现着一个企业的经济竞争能力、赢利水平及内在机制运行的生命力。

市场占有率是企业市场竞争力的反映。在激烈的市场竞争中，市场争夺与占有是企业的重要目标，企业占有的市场份额越大，竞争者的市场份额就越小，企业在竞争中的实力不断壮大。市场占有率是影响企业赢利能力的重要因素，各类企业都在从自身实际出发提升或维持价值最大化的最佳市场占有率。市场占有率也是企业无形资产价值的有形标志。企业市场占有率的扩大，不仅能为企业带来更多的利润，还能够提升企业形象，增加企业的无形资产价值。

提高市场占有率的策略有以下几种：

1. 价格竞争

价格的调整是提高企业的市场占有率最直接、最见效的手段。除了维持原价不变来稳定消费者的心理态势外，价格的调整主要是降价和提价。

降价的原因有以下几种：企业产品库存积压，供过于求，导致产品市场占有率萎缩；企业为争取市场的主动权，为反击对手将产品价格降至对手的水平甚至更低等。为了维护企业及其产品的形象和声誉，降价的形式除了直接降价外，应该更多地采取变相的间接降价形式如有奖销售、商品折扣、优惠券销售以及附赠商品销售等。

提价的原因有：原材料价格上涨，产品成本费用上升；产品在市场上供不应求，为谋求更多的利润而调高价格；原有产品包装改进、品种增加、质量提高等。企业在提价时，要把提高价格与产品差异、市场周期、价格弹性和消费心理等因素结合起来，提价运用得恰到好处也可以实现市场份额的放大、扩张。对于需求弹性不足的商品，或者刚进入市场的稀少新商品，或者富于科技含量的独特商品，企业及其产品在特定时间、某种程度居于市场垄断地位，这些产品保持一定时间的高价，有利于在消费者心里塑造高质量、好品牌的高档形象，从而有利于巩固或扩大市场份额。

2. 非价格竞争

随着生活水平的提升，消费需求越来越多样化、个性化、品牌化和时尚化，除了价格外，培育、提高市场占有率还要靠企业自身，其关键要从几个方面努力：

(1) 质量和品牌策略。作为企业管理的核心，其质量管理是保障企业生存、发展的生命线，一流的质量才会有一流的产品，一流的产品才能巩固或获取市场的最大份额。企业必须紧跟时代潮流，注重产品的更新、开发，要树立超前的品牌意识，以质量取得口碑，以品牌深入人心。

(2) 服务策略。作为能够满足市场顾客需求和提高企业市场竞争力的措施，企业可以通过人员、设备和场地空间等诸多方面的创新，使服务由无形变有形，让消费者能够看得见、摸得着、体悟到无形的服务；通过与消费者更深入的沟通，提高服务质量，赢得更多的消费者；通过结合服务的质量与服务的人员、时间、地点及方式，使服务在动态可变中全面提升质量。如海尔集团在家电大举走进百姓家园的消费阶段之时，及时推出星级服务，较好地运用服务策略提升了企业的竞争层次，巩固和扩展了市场份额。

（3）营销策略。为了应对经济全球化的要求，企业必须进行营销策略的创新，其一是营销理念的创新，其二是营销组织的创新。在以全球市场为导向和目标的全球营销中，企业须重视环境保护和可持续发展，关注生态文化，树立绿色营销观念。为应对跨国公司的竞争，中国企业要在内部加强创新能力以提升企业实力，在外部实施强强联合并优化资源配置。企业要在产品、价格、渠道、促销等方面合理分配营销费用，认真分析市场营销费用的地理分布，充分考虑过去市场营销费用的递延效应、市场营销组合变量的协同效应。

第二节 同力协契塑团队

> 带走我的员工，把工厂留下，不久后工厂就会长满杂草；拿走我的工厂，把我的员工留下，不久后我们还会有个更好的工厂。
>
> ——安德鲁·卡内基
>
> （Andrew Carnegie）

一、寻找创业企业领袖

有个小故事：一只狮子带领一群羊和一只羊带领一群狮子进行比赛。羊带狮群的队伍这一边，当羊走到狮群前面时，狮子们都笑了：他们认为不懂技术的羊怎么能带好这支队伍呢？所有的狮子都不服气，羊队长无法发号施令。而狮子带领羊群这一边，情况就完全不同。羊们都很尊敬狮子，也都听从狮子的安排。比赛开始了，军心涣散和没有经过良好训练的狮群被狮子带领的训练有素的羊群打败了。我们思考一下，羊的战斗本领跟狮子存在极大的差距，但最终，羊群战胜了狮群。有的时候，特别对创业企业而言，一个团队的战斗力归根结底要看领导者的领导和管理能力。三流的领导罚人，二流的领导管人，一流的领导懂得驭人。羊群可以由出色的羊或狮子来领导，但当谨记，千万别让羊去领导狮群。

企业创业之初，面对充满风险的市场竞争环境，企业员工需要有人给他们指明方向，告诉他们应该往哪里去；企业内部存在合作与冲突，需要有人将不同的个人目标需要会聚成一个集体的目标。这个时候，创业领袖及其散发出来的气质与精神就是创业企业凝聚员工的一笔“不可复制”的财富，更是创业企业生存和发展的无形资产。企业领袖在组织中处在特殊地位，负有提高生产力、确保企业战略目标的顺利实现的责任。这要求企业领袖支配企业做出迅速判断和应对突发事件，使决策、经营、管理、产、权、人、财按照发展的规则程序排列，对企业的经营哲学、企业精神、企业价值观等施加较大的影响。

一个企业的主导价值观在某种程度上就是企业领导者个人价值观的延伸、扩展和最终实现群体化。随着现代企业的演进，企业领袖已不再仅仅是企业战略的制定者、企业文化的倡导者、内部矛盾的协调者，还承担着更多的角色和任务：商业潮流的引领者、行业规则的制定者、社会道德的护卫者。这要求企业领导者们具备常人所不及的精神特征：内敛的人格魅力以集结员工，形成无坚不摧的创业团队；超凡的毅力以应对创业的艰难并鼓舞士气；可靠的执行力来及时迅速地集结资源创造企业的价值；自律力和诚实守信的道德品质以应对纷繁复杂的商业社会和各种诱惑的侵袭。下面具体介绍创业领袖应具备的一些特质：

（1）智慧和精力。创业团队的领导者需要足够的智慧、道德、能力和精力，才能塑造企业组织的文化推动事业的发展，迅速地发现问题所在。

（2）信誉至上。领导者信誉至上的价值观有助于建立诚信为本的企业文化。诚信是市场经济正常运行的基本前提，也是市场经济下实现双赢的重要保障。

（3）正直的品行和工作习惯。能正视自身优、缺点，树立好的个人形象，诚实地对待每一个人，进而转化为企业组织运作的典范。

（4）丰富的阅历。扎实的训练和丰富的经验阅历是优秀的领导者常见的两个特点。

（5）授权能力。工作过程中，领导者要适度授权，与员工建立充分信任和密切关系，提升创业领导者的创造力和亲和力。

（6）自信和谦逊。缺乏信心，会使得领导者无法完全委托权利和责任；过度的自负，会影响团队的士气，引起其他成员的不满。因此，出色的创业团队领导者必须能够控制自身在个性上和专业上的自负心态，谦虚的容纳、整合不同专长的人。

案例 5—2　马云不走寻常路的创业精神

马云，阿里巴巴集团主要创始人之一、阿里巴巴集团主席和首席执行官，毕业于师范院校英语专业。1995 年，马云在出访美国时首次接触到因特网，回国后创办了网站“中国的黄页”，随后 9 年时间里，马云成功创办了全球领先的企业间交易网站“阿里巴巴”、亚洲最大的网上个人消费市场“淘宝网”、中国领先的在线支付服务商“支付宝”、以互联网为平台的商务管理软件公司“阿里软件”，成功收购了“中国雅虎”。在马云这位舵手的带领下，阿里巴巴从西湖里的一叶小舟变成了一艘集 B2B、C2C 和

B2C 三种业务模式于一身的电子商务“航母”。2008 年 9 月，马云获选美国《商业周刊》评出的 25 位互联网业最具影响力的人物，也是唯一上榜的中国企业家，是中国大陆第一位登上美国权威财经杂志《福布斯》封面的企业家。

马云又是一个演讲天才，几年来，演讲的场所扩大到了全世界。他多次应邀在哈佛大学、耶鲁大学、沃顿商学院等全球培养 MBA 的顶尖学府和达沃斯论坛、世界企业峰会上演讲，不遗余力地推广品牌、宣传造势。社会上掀起了对“马云现象”的热议。马云的创业精神，支持他走向今天的成功。所以当年没有被网络的技术神话所吓倒——不懂技术，他仍然敢在网络上创业。同时，马云深谙中国国情，立足于本土服务，创造性地为中小企业提供了可能的解决方案。当然，马云还会宣传，会推销，讲究领导艺术，团结了一大批精英人才……（摘自中国总裁网）

专家点评

马云的独特性在于他具有敢于干大事、做品牌、闯天下、不走寻常路的创业精神。作为一名商人，马云是“勘探”市场、开发市场的高手，他有敏锐的市场意识，善于抓住每一次稍纵即逝的市场机会，不断创造出新的市场。同时，马云又是一位新儒商的杰出代表，他善于学习，精于西方的企业运作方式，重视企业文化建设，把知识的力量、文化的作用发挥到极致。当然，马云最让人们钦佩的不是他的财富，而是他所倡导的社会价值观，企业的责任与社会责任的和谐统一，从提倡诚信交易的广告平台到发布企业社会责任报告，一系列价值观的输出不仅获得了网民的高度认可，而且对中国电子商务的发展起到了积极的促进作用，赢得了社会大众的广泛尊重。

二、打造金牌营销团队

一个成功的创业企业应该具备由一定数量的高水平、高素质的人才组成的创业团队，可以根据对市场的了解程度、专业知识等来进行营销计划的制订、执行和反馈，同时把营销思想推广到整个企业内部，形成企业文化的组成部分，来确保营销计划的执行。

（一）营销人员素质要求

销售人员在实现产品到货币的转化中，肩负着十分重要的任务。企业营销人员的素质不仅要有一般人才的基本要求，又必须根据营销事业的特点，具备营销人才的独特要求，即必备素质，主要体现在如下几个方面。

1. 扎实有效的基本能力

具备和专业相联系的专业能力。营销人员必须保持对企业内外部环境变化的高度敏感性，具有较好的学习与理解能力、观察与分析能力、组织与协调能力、良好的文案写作能力。这些基本专业能力是形成专业能力中最基础、最关键的部分。由于行业不同、岗位各异，营销工作可以细分为不同的目标岗位，这要求营销人员具备特定岗位能力。结果是判断营销活动绩效的最终标准，营销人员在原则允许的范围内可采取一切可以采取的方法、技巧、手段和措施去获得成功，培养追求实效的能力。同时员工要加强学习，提高自己看问题的高度和准确性，提高自己的市场分析与判断能力、沟通与谈判能力、市场策划能力、促销能力、终端管理能力、财务管理能力等，这样才能最终掌握市场，赢得客户。

2. 良好的形象气质

营销人员的身体基本条件和健康而充满活力的形象气质对营销活动有着直接的影响。一个成功的推销员应该把热情变成一种习惯，拥有热情的人，无论处于什么环境都可能有所作为。一个成功的推销要使你的推销对象对你、你的公司和你的产品树立起一定的信心，自信既是推销员必备的气质和态度，又可说是能倍增销售额的一个妙计。

3. 忠诚守信的人格魅力

营销人员对企业要保持较高的忠诚度，对客户体现诚信原则，以诚信赢得客户的认同是一种心理认同，其认同价值最高。信用是一切商务交往的基础，营销人员应该遵循诚实做人、踏实做事、诚恳待人、虚实有度等基本原则。

4. 较强的公关能力

营销人员需要培养自身亲和力，以便在营销活动中，广泛联系客户，紧紧抓住客户，并给客户留下良好的印象，从而更多地销售产品。成功的营销人员会经常与自己的客户进行电话联系或面谈，通过“聆听”“沟通”使双方合作进一步推向前进。

5. 持久坚韧的意志力

营销人员在开发市场、拓展市场、与客户的沟通中，要做到耐心、执著、坚毅，这就是营销人员的柔韧性。营销人员与客户的沟通不可能一帆风顺，这就需要营销人员在营销活动中具有足够的耐心，不浮躁、不轻率、不放弃。执著首先是营销人员对营销事业的执著追求，同时必须在长期的营销实践中观察市场、了解市场、分析市场、掌握市场，不断加深对市场的理解，积累营销经验。营销人员在营销事业上要有所建树、有所成就，需要有坚强的意志和不凡的毅力。营销人员应具备良好心理素质，包括情感素质、意志素质和性格素质。营销人员需要长年在外奔波，付出辛劳、汗水、精力等，没有一种奉献精神，这些工作很难出色完成。

6. 与时俱进的现代意识

营销人员的思想意识必须适应现代社会的要求，学法、知法、懂法、守法，这是营销人员现代意识的最基本的要求。创新意识是市场营销人员所必须具备的素质，它要求营销人员在变化万千的市场中突破常规，灵活应对。作为一个市场营销人员，具有强烈的竞争意识是取得营销业绩的一个重要保证。营销人员是企业与客户之间的桥梁与纽带，必须同时具备为客户和企业服务的意识，才能使企业与客户之间得到充分的沟通。

【延伸阅读】

有研究者认为，创业团队的成功要素，就是高效团队的特质，见表5—2。

表5—2　高效团队特质表

Carr（1992）提出的成功团队特性	Leavitt和Jean（1995）提出高凝聚力团队特点	H. R. Magazine（1995）提出的高效团队气质
1. 支持团队合作的共同价值观 2. 有价值的目标 3. 目标明确、可衡量 4. 每个成员的重要性 5. 超强的个人及团队能力 6. 针对目标做出承诺 7. 直接、迅速、可靠、有效的反馈 8. 团队为主的奖酬体系	1. 团队成员对任务的高度投入 2. 团队成员完成任务的独立性 3. 团队构成可变 4. 团队构成的开放性和弹性 5. 团队成员间的频繁交流和沟通 6. 团队成员间的相互支持	1. 目标 2. 授权 3. 弹性 4. 关系与沟通 5. 最佳生产力 6. 肯定与欣赏 7. 士气

（二）员工的选拔招聘

招聘是选拔人才的入口，与企业追求高品质的产品及高效率服务一样，招聘工作要做到务实、多元、高效。企业应该从以下四个战略层面来考虑：

1. 营销员对工作的胜任能力

胜任能力是企业为了实现其战略目标、获得成功，对组织内个体所需具备的品格、能力和知识的综合要求，是鉴别高素质、高潜能、高能力骨干员工的利器。胜任能力标准可以广泛运用于招聘、晋升、培训、绩效、薪酬、职业生涯规划等人力资源管理环节中，因而成为整个人力资源管理体系的核心。与具有多年工作经验的人相比，刚刚走出校园的大学生缺少经验，但是个人的创新能力和可塑性很强。

2. 营销员对企业文化的认同度

个人与组织之间互相选择的时候，需要考虑风格和文化的匹配。当员工与组织的文化相适应时，员工在组织中获得成功的可能性就会大大地增加，同时对组织的忠诚度也会相应提高。尤其是对于中高层管理人员的选拔。在选拔之前，人力资源部门应收集一些公司组织文化的核心问题，编制本企业的组织文化问卷。然后邀请一些认同公司文化的老员工对问卷进行评分，计算出平均分，作为公司组织文化的常模。在选拔实施过程中，要求求职者填写该组织文化问卷，再将求职者的评分与本企业组织文化常模进行比较，以此判断个人和企业在文化方面是否匹配，并作为最终聘用决策的重要参考依据。

3. 营销员对企业的工作承诺

工作承诺是员工对组织的一种态度，它可以解释员工留在企业的原因，体现了员工对组织的一种感情依赖和责任心。工作承诺对员工行为的影响主要体现在工作绩效、工作调换意向、出勤率、迟到率等方面，并可作为一项衡量员工对企业忠诚度的指标。

4. 营销员个人的价值观

人品、经验、能力、价值观以及他的行为是企业应该看重的招聘取向。应聘者当前具备的条件、能力和未来的发展潜力都在人力资源部门的考察范围之内。公司对不同岗位不同层级的应聘者有着清晰的要求，比如招聘研发管理者时会考察应聘者作长期计划、战略制定、变化管理的方法。在招聘有经验的人时，不仅要考察他的专业技能和经验，更重要的是考察他的价值趋向，看他是不是能够和公司文化契合。

【延伸阅读】

价值观历来是财富 500 强所重视的。IBM 认为，人的价值观不像技能通过培养就能提高或改变，所以在选人时非常看重这个标准，特别是选择领导人的时候。在考察价值观时，IBM 往往会问他在做出某种选择时的出发点是什么，并且通过对多个事件的考察来综合判断他行为背后的动机，也就是价值观是否与 IBM 契合。随着深入的追问，应聘者深层的价值观也就会显现出来。微软亚洲工程院在进行招聘时，最重视的不是知识型员工的“知识”，而是他们的人品和态度——为人是否诚实、是否善于与人合作、看待事物的态度是积极还是消极等。IBM 面试时所考核的素质主要有三点，分别是诚信、自信心与沟通能力。惠普在招聘中首先从求职者的工作履历中了解他过去的工作背景，曾经工作过的公司、所担任过的职务等；其次，惠普还需要求职者提供两个比较了解应聘者的推荐人，推荐人可以是客户、同事，也可以是以前工作的老板，公司会确认推荐人的信赖度，这主要是了解求职者的背景情况。调查内容包括应聘者工作态度上是否具有主动精神，工作中的学习能力、创新能力以及适应变化的能力等因素。

(三) 员工的发展培训

现代市场营销是一项挑战性极强的工作，对营销人员的专业综合素质营销要求越来越高，企业要立足长远，重视对员工的培训。培训指的是营销员通过学习使其在知识、技能、态度上不断提高，最大限度地使员工的能力与现任或预期的职务相匹配，进而提高员工现在和将来的工作绩效，并最终实现企业整体绩效的提升。

企业营销培训是指企业创造一个学习环境，使营销人员能够在这一环境中获得与工作要求密切相关的知识、技能和能力，它在推动整个企业销售活动中具有重要的作用。根据组织培训的阶段和功能不同，可以分为以下四种类型：

1. 岗前培训——营销人员入行的敲门砖

强化新员工入职培训是营销人员走向优秀的重点环节。在从事市场营销工作之前，到产品研究分析、产品生产、灌装等岗位实习，让新员工对公司产品有一个较为系统而直观的亲身感受非常有助于其今后的工作，直接接触产品的生产全过程，应当成为营销人员入职培训的一个必不可少的环节。

2. 工作中培训——营销人员走向成功的必经之路

在营销人员入职以后，要做好实战指导训练，有效的方式是传统的“师带徒”，以老带新。充分发掘老员工的资源，为需要参加培训的员工面授实战销售经验和教训，比抽象地学习营销理论更实用、有效。

3. 大量进行模拟培训，也是营销人员逐渐成熟的有效途径

其具体做法又可分为实例研究法、角色扮演法、业务模拟法等。实例研究法是一种由受训人分析营销实例材料，并说明如何处理实例中遇到的问题的模拟培训法；角色扮演法是一种由受训人扮演市场开发人员，由有经验的人员扮演顾客，受训人向“顾客”进行营

销的模拟培训法；业务模拟法是一种模仿多种业务情况，让受训人在一定时间内作出一系列决定，观察受训人如何适应新情况的模拟培训法。这些方法投入成本低、见效快，值得销售公司在新员工培训工作中采用。

4. 激励式培训——营销人员发展的需要

每个人都希望能有机会进修培训，通过培训可以使员工获得发展，满足员工自我实现的需要。

培训能够有效激励和培养员工对企业产生持久的归属感及忠诚度，经过培训后，员工不但在知识和技能方面有所提高、自信心增强，而且也感到管理层对他们的关心和重视，使得士气因而提高，团队的凝聚力也随之增强。

要搞好企业营销培训，关键是要选择正确的营销培训方法：

1. 课堂讲授法

课堂讲授法其实就是通常所说的面授和讲座，是教师以言语、板书及其他辅助性教具向学生讲授营销知识和技能，是一种单向性的教学方法。

2. 案例式培训法

案例式培训方法是目前营销培训中应用最多的培训方法之一，它是由教师为参加培训的学员提供一个企业营销案例，然后，让学员自己去分析这个案例，诊断问题所在，与其他受训者一起讨论后，提出自己解决问题的思路的一种方法，侧重于培训学员的实际工作和解决问题的能力，更加符合企业培训营销人员的需要。

3. 研讨法

在企业营销培训中，研讨法是仅次于讲授法而被广泛使用的一种方法，让学生积极参与并从事学习活动，对于传授营销事实之外的其他内容的学习，使用研讨法的效果比使用讲授法要好。研讨法可分为以教师为中心的研讨和以学生为中心的研讨。按研讨的组织形式，可将研讨分为讨论式、小组讨论式、集体讨论式、系列研讨式、沙龙式等多种形式。

4. 实践练习培训法

这种培训方法是将“听”“看”和“干”有机地结合在一起，使学员不仅能够掌握理论知识，而且能在实践中掌握营销技能，加深对理论知识的理解。可以较快地培训出合格的营销人员，因此此种方法非常受生产型企业营销人员的欢迎。

5. 网络培训法

网络培训可分为互联网培训和内部网培训，其形态有虚拟现实、动感画面、人际互动及实时视听等。其培训方式可分为沟通交流、在线学习、测试评估、计算机辅助培训、多媒体与其他资源相结合进行等。

尽管培训是一项重要的人力资源投资，企业也越来越重视培训工作，但是要想使培训成为一种有效的激励因素，就必须建立长效的培训激励机制。第一，形成培训是激励员工积极向上的文化氛围，本着“公平竞争、择优培训”的原则，使真正有能力、有潜能的人获得应有的培训机会。第二，根据培训的效果对参加培训的人员进行物质、精神或晋升激励。企业需要制定一套明确的绩效评估办法和激励计划，在培训课程结束之后，要有必要的评估和反馈，使员工感受到他将在培训中所学习和掌握的知识、能力和技能用于工作中，可以提升他的个人发展。

知识经济时代最大的挑战在于人本身，怎样发掘人力资源、提高人员素质、留住人才、激励人才是每个成功企业所必须关注的重点。提升人员素质，对企业员工进行培训激励，充分调动他们的积极性，使员工与企业的发展同步，只有这样，企业才能永远立于不败之地。

案例 5—3　　联想集团的培训之道

1991 年，联想集团成立了管理学院，负责组织公司员工的内部培训事务，成立初衷是：培养人才与用人同等重要。自 1988 年，联想开始从社会上公开招聘和选拔人才，他们当中的许多人在这片新天地里迅速成长起来了。然而，以柳传志为代表的管理者们，却不无遗憾地看到这些优秀人才中的许多人，因为自己犯下了过失而难以自拔。于是，他们认为应该在联想成立一个专门对人才进行培养的机构，这就是联想管理学院。联想管理学院属于集团的职能部门之一，它负责的是许多共性培训和涉及整个集团内部人员的培训，负责的共性培训有四大块。

一是新员工入模子培训。联想集团把对新员工进行的培训习惯称之为“入模子”培训，它是全封闭式的，通常为期一周。这块培训的内容大抵包括“历史篇”（介绍联想历史）、“文化篇”（介绍联想精神联想人，澄清新员工个人价值观，倡导做个合格的联想人）和“常识篇”（让新员工学会在变革中进行自我管理，介绍联想礼仪，教授宣讲技巧）。二是员工培训。这主要是针对骨干员工所进行的培训，也是封闭式的，通常为期 3 天。三是干部培训。它类似于人们常说的“管理培训”，培训内容的弹性比较大，常常会与公司的发展战略相结合。它结合了联想自己的管理特色。联想提出，管理的三要素是建班子、定战略和带队伍。四是高层干部培训，包括执委会成员的培训。它常于年中、年末各安排一次。

联想公司的制度里明确规定着，在培训方面，每名员工每年必须拿到相应的必修和选修课的学分。必修课包括有集团战略规划所涉及的培训、集团的战略调整所涉及的培训和专门的技术内容培训（如 HR 部门员工学习薪酬制定等技术内容），选修课依个人素质不同而有所变化。（摘自中国管理联盟）

专家点评

联想之所以如此重视员工培训，就在于它看到在企业争夺人才的竞争日益激烈的今天，企业能否留住人才的关键就在于它能否为员工提供良好的发展空间。而培训则常常是员工们来感受企业是否在尽心尽力地为他们创造发展机会的依据。联想是很自信的。这家正处于高速成长中的企业能为员工提供极大的发展空间，它也坚信自己有足够的魅力可以留住优秀的员工。

（四）员工的激励机制

激励具有内外两重性质。内在激励，是某项工作对员工的激励作用与完成工作任务所产生的激励作用之和，即兴趣、价值、成就、尊重等对员工行为产生的影响。而外在激励则是指与工作本身和完成工作任务无内在关系的各种外在物质所引起的激励作用之和，如提高工资、发放奖金、期权期股、晋升职务等手段鼓励员工不断上进。

在实践中运用激励技术时，企业不能片面地单一地使用某种激励方法，而是将内部激励与外部激励结合起来，企业可以采用以下几种方式，以真正起到激励的良好效果。

1. 物质激励

研究表明，物质激励能使生产力水平提高 30%，是所有激励方式中提高幅度最高的。但事实上物质激励是一把典型的双刃剑，因为物质激励同时是最不可靠，最难以操作的一种激励方式，所以，在使用物质这一激励方式时，一定要因人而异。

2. 情感激励

作为企业的领导者，还要运用一些其他的激励方式，例如情感激励，让员工体会到来自领导的无微不至的关怀，从而增强主人翁的责任感，能够主动用心的工作，而没有经理强迫自己去工作的想法。

3. 尊重激励

尊重员工是企业发展最坚实的基石，企业只有真正做到去尊重自己的员工，员工才会在自己的岗位上发挥出最大的潜能。美国零售业的巨头沃尔玛可以算得上是一个典范。在沃尔玛公司总部的办公楼前，公司的任何一个人，包括它的创始人山姆·沃尔顿本人在内，在停车场里都没有一个固定的车位，只能按照先来后到的顺序停车。因为在沃尔玛，每个人都是平等的，公司尊重每一位职工，哪怕是老总也不能享受特殊待遇。

4. 沟通激励

企业的领导者不能只靠单纯的发号命令来进行管理，更多的时候需要领导者通过高超的沟通本领来说服自己的员工更加努力的工作，投入更多的热情到工作中去。

5. 公平激励

员工总会把自己的贡献和报酬与一个和自己相等条件人的贡献和报酬相比较，当这种比值相等时，就会有公平感，心情舒畅，积极性高涨；反之，就会导致不满，产生怨气和牢骚，甚至出现消极怠工的行为。而要做到公平激励首先必须制定合理的激励制度，激励制度面前人人平等。

6. 目标激励

企业为员工设置适当的目标，激发员工的动机，达到调动员工的积极性的目的。设置的目标应合理、可行，应注意目标必须是经过努力才能实现；目标实现后有相应的报酬；目标符合企业和员工的共同愿望；目标要具体化和能够观测考核并与员工的切身利益密切相关。

7. 榜样激励

企业只要建立起科学、合理的“参照系”，从员工的群体行为中孕育、成长起来的，被员工公认为思想进步、品格高尚、工作出色的人才能受到员工的敬佩、信服，因而也就具有权威性。

8. 培训激励

让培训成为一种有效的激励因素如企业组织业绩突出的员工去外地参观；定期选拔优秀员工出国考察；给业余学习成绩突出的员工予以奖励；让有潜力的员工参加高级管理人员培训班培训等。

9. 负激励

有时需要结合一些负面的激励方式，如批评、惩罚、降级、罚款等，通过这些手段给员工造成一定的压力，迫使其规范自己的行为。当然，使用负激励要慎重。

对于企业而言，重点并不是对激励方式的研究，而是希望能够找到一种有效的激励方式，能迅速提高员工的绩效。所以，激励方式的运用要讲究策略，或者说要讲究激励的艺术。

首先，激励要物质、精神相结合。一个个体除了有物质的追求之外，还有精神追求。正如马斯洛的人类需求理论而言，精神追求是更高层次的需求，因此，只有将物质激励与精神激励有效的结合在一起，才能真正起到效用。另外激励要正面与负面相结合。激励并不仅仅表示正面的奖励与鼓励，当然还包括必要的处罚与批评，只有对优秀员工进行正面的奖励，而对不符合要求的员工，或业绩不理想的员工进行必要的处罚措施，这样才能促使其引起高度重视，从负面激励其提高工作效率。

激励要把握一个度，激励既要到位，又不能越位，如果激励对象的行为不太容易达到被奖励和被处罚的界限，那么这套激励方法就会使激励对象失去兴趣，达不到激励的目的。激励要因人而异，比如对于企业中高层管理人员，在选取激励方式时应该注意支持他们的目标，赞扬他们的效率。美国一家名为福克斯波罗的公司，专门生产精密仪器设备等高科技产品。在创业初期，一次在技术改造上碰到了一个问题。一天晚上，正当公司总裁为此冥思苦想时，一位科学家闯进办公室阐述他的解决办法。总裁听罢，觉得很有道理，便想立即给予他嘉奖。他在抽屉中翻找了好一阵子，最后拿出一只香蕉给这位科学家。他说，这是他当时所能找到的唯一奖品了，科学家为此十分感动，因为这表示他所取得的成果得到了领导人的认可。从此以后，该公司对攻克重大技术难题的技术人员，总是授予一只金质香蕉形别针。

使每位员工始终处在良好的激励环境中是人力资源开发和管理所追求的理想状态，同时，对于企业的快速以及健康的发展有着非常重要的意义：

1. 有利于企业的发展与员工的个人前途相结合

对员工给予人文关怀，在企业寻求发展的同时，员工个人必然也在寻求发展。企业在人力资源管理中，必须为员工个人的职业生涯设计出有吸引力的发展前景，并采取切实可行的激励措施，帮助员工实现个人愿望。

2. 有利于解决目前企业以管理人员为激励的重点，激励对象缺位以及对业务技术人员激励不足的问题

企业应该把管理和技术作为企业生存和发展的根本，将优秀的管理人才和优秀的业务技术骨干作为激励对象，这样才能吸引和保留核心员工，激励他们为企业而不断开发和贡献自己的人力资本。

3. 有利于降低企业人力资本投入的成本，提高企业的业务经营

效益

引入激励员工机制，能够吸引一批优秀员工坚持走技术发展的道路，使企业对业务技术人员的人力资本投资能够得到保存并放大，产生倍增效应，顺利实现企业经营模式和效益增长方式的根本转变。

现在是营销制胜的时代，而一切营销活动都是要通过人来完成的，现代企业的竞争归根结底是人才的竞争，人力资源自然成为了企业最宝贵的资源，企业必须加强对营销人员及团队的关注。

案例 5—4　特殊“炸药”引爆员工工作热情

诺基亚以生产轮胎起家，如今已成为在全球拥有 20 亿用户的手机制造商，在从传统制造业向高科技领域转型的过程中，“TNT”法则一直被保留在其企业文化里。这里的“TNT”，不是指炸药，而是“Trust、Network、Tolerance”——“信任、合作、容忍”。信任是第一法则，信任员工的成本要远远低于不信任员工所付出的成本。在诺基亚，每个员工都有一个月的带薪假期，以及两个月的无薪假期，在假期里员工们的手机全部是关机状态，当公司遇到紧急情况时，大多数休假中的员工都会及时出现。合作是第二法则，公司要开展业务必须紧紧依靠员工，并且积极与客户密切合作。容忍是第三法则。诺基亚允许员工犯错误，还提倡生活与工作的平衡，并不要求员工一天到晚地加班。正是这些特殊的“炸药”，引爆了员工的工作热情，公司业绩因此得以保持持续增长。

摩托罗拉的人力资源管理则是另一种风格。其创始人曾说：我们是一家家族式企业，在这里一切都可以改变，唯一不变的是我们对员工的尊重。事实上，员工在该公司的地位就像红酒一样，越久越香，资历越老的员工越有机会晋升。为了鼓励员工安心工作，摩托罗拉鼓励员工内部轮岗，这很平常。但其不平常之处在于，员工可以不用和顶头上司打招呼就可直接去其他部门面试。公司的逻辑是，员工不愿意待在原部门，说明他在那里不快乐；与其让他到竞争对手那里去，不如让他到其他部门。在薪资设计上，摩托罗拉也下了很大工夫。15年前的中国，银行并不直接向个人提供贷款，摩托罗拉人事部门主动与银行联系，并为所有员工提供住房贷款担保。公司甚至鼓励员工推荐家人、朋友到公司上班，这在一般公司是大忌。但摩托罗拉却不这么认为：员工愿意推荐家人朋友来公司，是对公司最大的肯定。

专家点评

以上种种几乎“犯忌”的措施，在很多公司看来都是负担，高投入、低回报，但这些老牌企业正是依靠这些举措得到了员工的认可，员工和公司之间的关系得到很好的维系。本田创始人本田宗一郎曾说，他绝不要求员工为公司干活，而是要他们为自己工作，快乐地工作。身为领导者，仅仅知道企业未来走向并不够，他还应知道要怎样带领员工奔向这个未来。

本章小结

营销策略知识准备	
企业形象的构成维度	•
营销人员基本素质	•
员工培训方法简介	•

课后思考题

（1）如何提高市场占有率？

（2）企业遭遇危机事件应如何处理？

（3）创业企业领袖应具备哪些基本素质？

实训题

1. 运用公众调查表和四象限图分析创业企业在社会公众心目中的形象。

2. 结合目前自己企业发展现状，简述团队塑造情况。

参考文献

［1］裴吉·A. 兰姆英，查尔斯·R. 库尔. 创业学. 大连：东北财经大学出版社，2009.

［2］高振强. 大学生创业管理教程. 北京：科学出版社，2009.

［3］朱甫. 马云谈创业. 深圳：海天出版社，2008.

［4］李蔚，牛永革. 创业市场营销. 北京：清华大学出版社，2005.

［5］理查德·J. 古森著. 创业大师白金讲堂. 北京：机械工业出版社，2009.

［6］富荣. 创业故事会：99 个成功的创业规划. 北京：企业管理出版社，2008.

［7］高云龙，郜启扬. 营销谋略与经典案例. 北京：社会科学文献出版社，2005.

［8］迈克尔·J. 贝克. 市场营销百科. 沈阳：辽宁教育出版社，1998.

［9］迪宾. 市场营销案例和概念. 北京：清华大学出版社，2004.

［10］多蒂·博·奥尔克斯. 时尚营销. 北京：中国人民大学出版社，2004.

［11］理查·詹瑞特. 反传统营销. 海口：海南出版社，2001.

［12］马克·休斯. 口碑营销. 北京：中国人民大学出版社，

2006.

[13] 史蒂芬·E. 黑曼，泰德·图勒加. 新概念营销. 北京：中央编译出版社，2006.

[14] 余明阳，姜炜. 品牌管理学. 上海：复旦大学出版社，2006：1～14.

[15] 年小山. 品牌学. 北京：清华大学出版社，2003：92～99.

[16] 李彦亮. 品牌文化营销探析. 金融与经济，2006（04）：56～58.

[17] 任文. 百度的病毒式营销. 企业文化，2007（03）：74～75.

[18] 常滨毓. 异业营销："异想"能够"天开". 东方企业文化，2006（11）：50～51.

[19] 毛辛柯，孙立彬. 少年百度成长的烦恼. IT时代周刊，2006（10）：37～43.

[20] 况杰. 百度"裁员门"事件全剖析. 中国机电工业，2006（9）：74～77.

[21] 郑飞. 网络媒体环境下的营销公关与整合营销沟通研究. 上海：上海海事大学，2005.

[22] 梁川. 跨国公司中国市场品牌营销策略分析与借鉴. 四川：西南财经大学，2006.

[23] 张兵武. 品牌营销大未来. 北京：机械工业出版社，2006：31～39.

[24] 李光斗. 品牌竞争力. 北京：中国人民大学出版社，2003.

[25] 范云峰，梁士伦著. 营销公关. 北京：中国经济出版社，

2004.

[26] 倪杰. 现代市场营销学. 北京：清华大学出版社，2009.

[27] 郭国庆. 市场营销学通论. 北京：中国人民大学出版社，2009.

[28] 王秀村，王月辉. 市场营销管理. 北京：北京理工大学出版社，2009.

[29] 中国互联网信息中心. 2006 年中国搜索引擎市场调查报告. www. cnnic. net. cn.

[30] 中国互联网信息中心. 第 18 次中国互联网络发展状况统计报告. www. cnnic. net. cn.

[31] Philip Kotler. Markerting Management：An Asian Perspective. 北京：中国人民大学出版社，2003：502～535.

后　　记

中国未来将有数亿劳动者需要就业和再就业，通过创业带动就业，是解决中国就业困难、收入差距和国内消费不足的最重要途径。民以就业为生之基础，以创业为富之根本。我长期研究促进创业和中小及微型企业发展方面的问题，向国家提了许多政策意见。同时，我也觉得需要有一套指导刚要创业的人们如何创业的书籍。

一套书的写作和出版，除了筹划和组织外，需要投入财力、人力和精力。张远华先生、刘耀天先生和中华创业促进会，除了就丛书的体系提出了他们的宝贵意见外，还给了财力方面的资助；以北京科技大学章东辉、牛靖楠为主的青年教师和博士研究生们，承担了本书的编写，历时近两年，力求易读和实用。我觉得，给初入社会和需要再创业的人们以财富，不如提供和告诉他们如何创造财富的思路、途径和操作过程。看着中国在就业和职场中激烈竞争的芸芸众生，大家尽力编写这样一套符合中国国情的创业丛书，实际上是做了一件善事。

需要对拟去创业读者的提醒是：对某一个领域的彻底明白，称之为觉悟。创业，不仅需要创业方面的知识，即有觉；也需要实践，在创业实践中悟。仅有实践，没有知识，就不会有感悟的基础。而仅有觉，仅有知识，没有实践，没有悟，创业也是不会成功的。我希望有更多的人行动起来，去创业，并衷心祝愿他们创业成功，使中国更多的人富裕起来。

在出版之前，政协副主席黄孟复先生和人力资源和社会保障部副部长张小健先生欣然接受了邀请，在百忙之中分别为创业丛书作了序；中国劳动社会保障出版社的同志为本书的出版作了辛勤的编辑工作。对他们的关怀、支持和劳动，这里表示深深的感谢。

周天勇

2010年岁末于海淀大有北里